Christel Schwalb
Sozialkompetenz digital

Christel Schwalb

Sozialkompetenz digital

So lernen Schüler/innen den verantwortungsbewussten Umgang mit Smartphone & Co.

Mit Übungen und Kopiervorlagen

BELTZ

Christel Schwalb ist Lehrerin an einer Integrierten Gesamtschule sowie Methodentrainerin am »EFWI« (Landau) für Pädagogische Schulentwicklung.

Dieses Buch ist auch als E-Book erhältlich
(ISBN 978-3-407-29365-7).

Lektorat: Dr. Cornelia Klein

www.beltz.de

Herstellung: Lore Amann
Satz: Markus Schmitz, Altenberge
Druck: Beltz Bad Langensalza GmbH, Bad Langensalza
Reihengestaltung: glas ag, Seeheim-Jugenheim
Umschlaggestaltung: Sarah Veith
Umschlagabbildung: iStock
Printed in Germany

ISBN 978-3-407-62927-2

Inhalt

Ein Wort vorweg

Unsere Kinder und Jugendlichen leben heute in einer Parallelwelt – der digitalen Welt. Als Lehrerin habe ich mich schon oft gefragt, wie wir diese rasante Entwicklung positiv begleiten und steuern können. Bei meiner Recherche fiel mir auf, dass wir die Schüler/innen zwar in ihrer Medienkompetenz und ihrer Mediensicherheit stärken, nur die Frage des ethischen Bewusstseins und der Sozialkompetenz bleibt dabei meist außen vor. Doch gerade in Themen wie »Always on«-sein, Cybermobbing oder auch Spielsucht fühlen sich viele Kolleginnen und Kollegen nicht ausreichend unterstützt. Wir Lehrer/innen (und natürlich die Eltern) sind nicht immer auf dem gleichen Wissenstand wie unsere Kinder, die ihre Kindheit und Jugend nicht mehr »analog« verbringen. Oft fällt in diesem Zusammenhang der Begriff »Digital Native«. Die zentrale Frage dieses Buches ist: Wie verhält man sich im Netz und damit im digitalen Zeitalter, dass es allen Beteiligten dabei gut geht?

Die Konzeption des Werkes ermöglicht es, dieses Buch

- als komplettes, umfassendes Projekt zu bearbeiten und dazu je eigenes Material herauszusuchen,
- sich daraus eine kleine Einheit aus mehreren Teilgebieten zusammenzustellen,
- einzelne Arbeitsblätter für den Fachunterricht zu wählen,
- als Grundlage zu nutzen, um die Medienerziehung in Ihrer Schule verbindlich in den verschiedenen Jahrgangsstufen zu versorgen,

umso aktuelle Probleme professionell aufzugreifen und anzugehen.

Das Inhaltsverzeichnis bietet Ihnen eine Hilfe, ab welchem Alter die einzelnen Arbeitsblätter geeignet sind. Bitte sehen Sie es als unverbindliche Richtlinie und entscheiden Sie individuell für Ihre jeweilige Lerngruppe, ob die Arbeitsblätter passend sind.

In den folgenden Kapiteln finden Sie Arbeitsaufträge und Redeanlässe, die Schüler/innen unterstützen, ihr Leben im digitalen Zeitalter bewusster wahrzunehmen. Einige Arbeitsblätter werden in einem methodischen Rahmen erklärt, andere sind Kopiervorlagen, die Sie direkt einsetzen können und somit ihren methodischen Rahmen selbst gestalten. Bitte betrachten Sie die Ideen als Anregungen, die Sie individuell auf Ihre jeweilige Lerngruppe anpassen können.

Bedeutung der Icons

Einzelarbeit

Partnerarbeit

Gruppenarbeit

Plenum

Methode

5/6 geeignet für Klasse 5 und 6

7/8 geeignet für Klasse 7 und 8

9/10 geeignet für Klasse 9 und 10

Je nach Situation der Lerngruppe sind die Materialien für die Klassenstufen 5 und 6 auch für die Grundschule geeignet.

Mit einer eventuellen Anpassung lassen sich die Kopiervorlagen auch auf die Sekundarstufe II beziehen.

Ein neues Zeitalter – die digitale Generation

1

Tanja und Johnny Haeusler bedienen sich in ihrem Buch »Netzgemüse – Pflege und Aufzucht der Generation Internet« eines schönen Vergleichs: Während unsere Großeltern Leitungswasser in ihrer Jugend kennenlernten und damit erst spät direktes, warmes Wasser und Klospülung kannten, so wuchs unsere Generation direkt mit Leitungswasser auf. Für uns war es selbstverständlich, und mit Wasser wurde recht schnell sehr verschwenderisch umgegangen. So war es für die meisten eine große Freude, an heißen Sommertagen durch den Rasensprenger zu hüpfen. Unsere Schüler/innen haben nie in einer Welt ohne Internet gelebt, für sie ist Internet wie Leitungswasser. Selbst wenn man, wie manche seltsamerweise fordern, versuchen würde, das Internet abzuschalten, gäbe es keinen Weg mehr zurück. Wir leben in einem neuen Zeitalter – im digitalen Zeitalter.

Damit verbunden sind einige Veränderungen, an die sich die Schule und auch die Lehrwerke noch nicht angepasst haben.

Always on

1.1

Unsere Schüler/innen sind jederzeit und überall erreichbar. Während wir es oftmals als Last betrachten und es uns als Luxus gönnen, unerreichbar zu sein, bedeutet für Schüler/innen »Always on zu sein« pure Normalität und mit allen, die ihnen am Herzen liegen, verbunden zu sein.

Wenn wir ehrlich sind, so war es doch auch unser Traum, nachmittags nach Schulende noch mit unseren Freunden »quatschen« zu können und unsere Gedankengänge zu teilen. So kam es in den 1980er- und 1990er-Jahren zu Dauer-Besetztzeichen in deutschen Telefonleitungen – zumindest in den Haushalten mit pubertierenden Mädchen. Heute können Jugendliche diesen Traum leben; Eltern können ihn zwar in Bahnen lenken, aber nicht verhindern. Zur Jugend gehört eben auch ein gewisses Maß an Selbstliebe, Selbstdarstellung und Grenzüberschreitung. Jugendlichen sollte dabei jedoch klar sein, dass ihre Jugend

- unter ständiger Beobachtung (Smartphones mit Kameras),
- unter Dauer-Dokumentation (Internet)
- und unter chronologischer Nachvollziehbarkeit (Facebook) steht.

Wenn sich die Schule als Institution sieht, die aus Kindern mündige Bürger machen will, so sollte es auch unsere Aufgabe sein, im digitalen Zeitalter ein Bewusstsein dafür zu schaffen, wie ich mich selbst darstelle, aber auch, wie ich mit anderen in diesem neuen Alltagsleben umgehe. Natürlich geht es dabei auch um Sicherheit im Netz, doch in erster Linie darum, die Würde und die Achtung vor den Menschen zu vermitteln – sowohl vor den Mitmenschen als auch vor sich selbst.

1.2 Schnelllebigkeit der Gesellschaft

Durch das Internet werden Informationen schneller und unkomplizierter weitergegeben. Dies hat eine Menge Vorteile. Die Menschen sind besser informiert. Man nimmt unmittelbar am Geschehen teil und kann durch gezielte Aktionen Demokratie leben. Dies reicht von der Online-Petition gegen die Schließung eines Jugendzentrums in einer Kleinstadt bis hin zu Online-Aufrufen, die z. B. die arabische Welt ins Wanken bringen.

Risiko hierbei ist jedoch, dass die Schnelligkeit der Informationsverbreitung teilweise zu Lasten einer gründlichen Recherche geht. Darum ist es unser Lehrauftrag, Schüler/innen zur Mündigkeit im Umgang mit Medien als meinungsbildendes Instrument zu befähigen.

1.3 Wissen ist zweitrangig

Die Schnelllebigkeit unseres Zeitalters führt auch dazu, dass sich das traditionelle Allgemeinwissen und die Institution Schule als Wissensvermittler verändern müssen. Wir werden auch in Zukunft nicht ohne Lernen und »Pauken« auskommen, und Schule wird stets die Einrichtung sein, die Wissen als Kulturgut vermittelt.

Doch unser Fokus sollte verstärkt darauf liegen, unsere Schüler/innen zu »trainieren«, Informationen zu filtern, Informationsfluten zu exzerpieren, fundiert zusammenzufassen und präsentieren zu können. Die Arbeitsaufträge dieses Lehrwerks sind darauf aufgebaut, den Schüler/innen nicht nur ein Bewusstsein für die neuen Medien mitzugeben, sondern auch, sie in ihrer Methodenkompetenz, ihrer Kommunikationsfähigkeit und ihrer Teamfähigkeit zu fördern. Dieser Band soll Ihnen Ideen liefern, das Thema »Leben im digitalen Zeitalter« und darüber hinaus im Unterricht zu thematisieren, Ihnen aber auch eine Methodenvielfalt liefern, die sich in alle anderen Unterrichtseinheiten übertragen lässt.

Ich wünsche mir, dass Ihnen als Kollege/in dieses Buch Anlass gibt, wachsam zu bleiben für die Schnelllebigkeit und sich verändernden Trends in der medialen Welt.

Veränderte Ethik 1.4

Viele Kolleg/innen beklagen die Ausmaße des Cybermobbings. Andere argumentieren, Mobbing gab es schon immer, es sei nur eine neue, veränderte Form. Die wenigsten bestreiten jedoch, dass die Hemmschwelle gesunken ist und die Qualität verdeckter Gewalt durch die Nutzung der sozialen Netzwerke zugenommen hat. Die Schule muss daher der Ort sein, der dies thematisiert, diskutiert und auch lenkt. Doch die Digital Natives wachsen mit einer veränderten Herangehensweise an traditionellen Wertvorstellungen auf.

Während die analoge Generation noch darüber diskutiert, ob man seine Liebe so öffentlich in den sozialen Netzwerken austragen sollte, scheint es für die digitale Generation keinen Grund mehr zu geben, darüber zu diskutieren. Es wird als normal betrachtet, seinen Beziehungsstatus täglich zu aktualisieren und Selfies aus dem Alltagsleben zu posten.

Auch die Trauer hat in der digitalen Gesellschaft einen anderen Stellenwert – es gibt virtuelle Friedhöfe und Gedenktafeln auf Profilseiten von Verstorbenen. Schon immer wurde im Religions- und Ethikunterricht über diese Themen diskutiert. Nun sollte sich die Schule den neuen Veränderungen stellen, die so schnell passieren, dass die Schulbücher noch nicht darauf reagieren konnten.

Veränderter Medienkonsum 1.5

Nicht zuletzt änderte sich auch der Medienkonsum bei den Digital Natives. Während der analoge Mensch noch auf Sendetermine im Fernsehprogramm wartet, schaut der Digital Native sein Programm wann und (über sein Smartphone) wo er will. Medienwissenschaftler sprechen auch vom Second-Screen-Phänomen: Man schaut Fernsehen und unterhält sich gleichzeitig über das aktuelle Programm via Tablet, chattet oder spielt ein Computerspiel.

Das Smartphone wird überall genutzt – ob während des Einkaufens oder Autoscooter-Fahrens. Jugendliche sitzen nebeneinander, ohne zu sprechen, und jeder schaut auf sein eigenes Display.

Viele Wissenschaftler befürchten, dass die Achtsamkeit des Augenblicks und die Konzentration auf die reale Welt verloren geht, aber auch, dass die Dauerbeschallung und die dadurch resultierende Verkümmerung der Kreativität weitreichende Folgen haben könnten. Auf derartige Veränderungen möchte dieses Buch aufmerksam machen. Ich wünsche mir, dass mein Buch Sie aufmerksamer und bewusster macht, jedoch ohne erhobenen Zeigefinger. Nutzen Sie deshalb diesen Band als Fundort für aktuellen und kreativen Unterricht, nahe am Schüler.

2 Leben im digitalen Zeitalter

»Das Internet spielt im Alltag von Jugendlichen eine wichtige Rolle. Im Durchschnitt sind Zwölf- bis 19-Jährige in Deutschland 179 Minuten täglich (Mo–Fr) online. Der Großteil dieser Zeit wird nach Angaben der Jugendlichen für den Bereich Kommunikation verwendet, vor allem die Nutzung von Online-Communities spielt dabei für viele eine zentrale Rolle (75 % mindestens mehrmals pro Woche). Weitere Internet-Angebote, die besonders häufig von Jugendlichen genutzt werden, sind Suchmaschinen, wie z. B. Google (80 %) und Videoportale, wie z. B. YouTube (74 %).«

(mpfs; JIM-Studie 2013)

Der aktuellen JIM-Studie zufolge nutzen 93 Prozent der Mädchen und 87 Prozent der Jungen ihr Smartphone mehrmals täglich. In der Realität sieht das zumeist so aus, dass ein bis zwei Schüler/innen einer Klasse gar kein Handy besitzen, während eine große Prozentzahl Tag und Nacht online ist und somit mehr über dieses Medium kommuniziert, als sich mit reellen Menschen zu treffen. Das folgende Kapitel bietet Arbeitsaufträge und Redeanlässe, die Schüler/innen darin unterstützen sollen, ihr Leben im digitalen Zeitalter bewusst wahrzunehmen.

Die Schüler/innen sollen:

- ihre individuelle Mediennutzung reflektieren.
- sich mit ihren Freunden, aber auch den Eltern und Großeltern über die Veränderungen der Mediennutzung austauschen.
- sich über ihre eigene Lebenseinstellung Gedanken machen und austauschen.
- die Freiheiten, die Grenzen, die Gefahren und die Chancen des digitalen Zeitalters reflektieren.
- die fünf großen Weltreligionen und eine Auswahl an ethischen Theorien kennenlernen und deren Hauptaussagen auf Alltagstauglichkeit im digitalen Zeitalter überprüfen.

Anleitung für die Lehrkraft: Fragebogen

5/6 7/8 9/10

Um den Schüler/innen ein Bewusstsein dafür zu schaffen, wie viel Zeit die Medien in ihrem Alltagsleben einnehmen und wie viel Zeit dadurch für andere Tätigkeiten verloren geht, sollten sie den folgenden Fragebogen ausfüllen.

Führen Sie das Projekt eine komplette Woche durch. Anschließend können Sie direkt eine Diskussionsrunde anschließen. Empfehlenswert ist es, die Schüler/innen auch den zweiten Fragebogen ausfüllen zu lassen. So reflektieren sie sich selbst und werden sich darüber bewusst, wie sie leben. Bei der anschließenden Diskussionsrunde sollte auf keinen Fall bewertet oder beurteilt werden. Jeder entscheidet sich selbst, wie er sein Leben verbringt. Diese Übung sollte nur dazu dienen, dass er sich bewusst für seine Lebensweise entscheidet.

Fragebogen: Medienkonsum

Sei ehrlich zu dir selbst!
Jeder Kreis steht für eine Stunde. Somit steht jedes Viertel für 15 Minuten.

Tagesablauf von: ______________________ **am:** ______________

Handy-Nutzung
»Always on« nachts: on ☐ off ☐

Fernsehen:
Ist immer an.

Computer:
Ist immer an.

Schule/Hausaufgaben/Lesen:

Sport/Bewegung:

Familie/Freunde treffen / gemeinsames Essen / miteinander reden / Kontakte:

Evaluationsbogen/Wochenrückblick

Beantworte die folgenden Fragen!

1. Wie sehe ich selbst meinen Medienkonsum?

2. Wie viele Medien nutze ich gleichzeitig?

3. Lebe ich zu einem Zeitraum am Tag komplett medienfrei? Warum? Wie ist das?

4. Bewegung ist für die Gesundheit besonders wichtig. Wie viel Bewegung habe ich?

5. Lebe ich mehr digital oder mehr in der Realwelt?

6. Wie viel Zeit bleibt mir für Dinge, die mir wichtig sind?

7. Wie viel Zeit bleibt mir, um mich mit Freunden zu treffen?

8. Wie viel Zeit bleibt mir für Familie?

9. Würde ich gerne etwas ändern?

10. Könnte ich meine Zeit besser gestalten?

11. Ein chinesisches Sprichwort sagt: »Das Glück des Lebens besteht im Ausschalten der unwesentlichen Dinge.« Wie ist deine Meinung dazu?

Leben digital

Für Emilys Familie scheint ein Traum in Erfüllung gegangen zu sein. Doch bei näherer Betrachtung sieht es doch eher wie ein Albtraum aus. Vor allem für ihren Opa. Er hatte vor 20 Jahren einen schweren Skiunfall und lag seitdem im Wachkoma. Nun ist er aufgewacht. Und für alle ist es eine Umstellung. Doch vor allem für ihren Opa. Die Welt scheint sich komplett verwandelt zu haben. Nichts ist mehr, wie es mal war.

Aufgabe:

1. Was hat sich alles in den letzten 20 Jahren geändert – vor allem in der Medienwelt? Recherchiere!
2. Emilys Opa verbringt einen Tag in einem Café am Hauptbahnhof und beobachtet die Menschen um sich herum. Was fällt ihm wohl auf?
   Am Abend schreibt er einen Brief an einen Freund, in dem er von seinen Erlebnissen berichtet.
   Schreibe diesen Brief!

Anleitung für die Lehrkraft: Projekt

5/6 7/8 9/10

Lassen Sie ihre Schüler/innen ihre eigenen Eltern dazu befragen, wie sie lebten, als sie im gleichen Alter waren. Der folgende Fragebogen kann genutzt werden. Vielleicht möchten die Schüler/innen allerdings auch einen eigenen entwickeln, Dinge weglassen oder hinzufügen. Interessant wäre es im Vergleich dazu auch, die Großeltern und eventuell Urgroßeltern zu interviewen. Um die Ergebnisse besser zu vergleichen, sollte daher zuerst eingetragen werden, um welche Person es sich handelt (Mama, Papa, Oma, Opa von …) und in welchem Jahr die Person so alt war, wie die Schülerin bzw. der Schüler jetzt. Auf der Rückseite der Fragebögen ist noch Platz für die Ereignisse des Jahres, z. B.: Fußball-Weltmeisterschaft, Musik-Konzerte, Kinofilme/-besuche oder historische Ereignisse.

Diskutieren Sie im Anschluss über die Ergebnisse:

- Was finden ihre Schüler/innen beeindruckend?
- Was finden sie toll?
- Was finden sie doof?
- Was hätten sie selbst auch gerne genauso?
- Worüber sind sie froh, dass es nun anders ist?

Eine tolle Erfahrung und obendrein ein Riesenspaß für die ganze Familie wäre es, wenn Sie versuchen würden, eine Woche das Leben der Eltern als Jugendliche zu führen. Als Abschluss könnte man ein gemeinsames Klassenfest veranstalten, bei dem auch die alten Fotoalben ausgetauscht, Lieblingsspiele gespielt und Erinnerungsstücke gezeigt bzw. ausgestellt werden.

Fragebogen:
Wie lebtest du, als du so alt warst wie ich?

Name: ______________________ Jahr: __________

Hattest Du ein Handy? ja ☐ nein ☐ Ab welchem Alter? ______

Hattest du ein schnurloses Telefon ☐ Telefonbänkchen ☐ kein Telefon? ☐

Hattest du einen Farbfernseher ☐ mit Fernbedienung ☐ keinen Fernseher ☐

einen eigenen Fernseher im Zimmer? ja ☐ nein ☐

Wie viele Programme gab es? __________

Hattet ihr ein Auto? ja ☐ nein ☐ Ab welchem Alter? ______

Hatten beide Eltern einen Führerschein? ja ☐ nein ☐

Wie kamst du zur Schule? ______________________

Hattest du einen Computer? ja ☐ nein ☐ Ab welchem Alter? ______

Hast du Computerspiele gespielt? ja ☐ nein ☐ Ab welchem Alter? ______

Welche? ______________________

Hattest du einen Videorekorder? ja ☐ nein ☐ Ab welchem Alter? ______

Hattest du einen DVD-Player? ja ☐ nein ☐ Ab welchem Alter? ______

Hattest du einen CD-Player? ja ☐ nein ☐ Ab welchem Alter? ______

Hattest du einen Plattenspieler? ja ☐ nein ☐ Ab welchem Alter? ______

Hattest du einen Kassettenrekorder? ja ☐ nein ☐ Ab welchem Alter? ______

Hattest du einen Walkman? ja ☐ nein ☐ Ab welchem Alter? ______

Hattest du einen Gameboy? ja ☐ nein ☐ Ab welchem Alter? ______

Hattest du eine Musikanlage? ja ☐ nein ☐ Ab welchem Alter? ______

Nenne deine Lieblingsmusik/Hörspiele/Fernsehsendung (als Jugendliche/r): ______

____

Welche Hobbies hattest du? ______________________

____

KV 5

Das Internet und ich

A	N
B	O
C	P
D	Q
E	R
F	S
G	T
H	U
I	V
J	W
K	X
L	Y
M	Z

Finde zu jedem Anfangsbuchstaben ein Wort,
das deine Erlebnisse und Erfahrungen mit dem Internet beschreibt!

Anleitung für die Lehrkraft: Recherche

7/8
9/10

Was täglich in der Welt passiert, erfahren wir aus den Medien. Zeitungen, Tagesnachrichten, Newsticker etc. sind voll von brandneuen Informationen. Doch wir sollten bedenken, dass dies nur ein Bruchteil dessen ist, was wirklich auf der Erde passiert. Sind die Zeitungen voll von den neusten Politskandalen, Steuerbetrugsvorfällen oder Scheidungskriegen, bedeutet dies nicht, dass nicht gleichzeitig auch Menschenrechte verletzt, Kriege geführt werden und die Umwelt zerstört wird. Das Internet ist ein wunderbares Medium, das die Menschen an allem teilhaben lässt, was außerhalb der aktuell gesendeten Nachrichten sonst noch passiert.

Lassen Sie ihre Schüler/innen zu Themen recherchieren, die außerhalb ihrer genutzten Medien geschehen. Hier ein paar Ideen:

- Wie viele Kriege gibt es aktuell auf der Welt?
- Was bedeutet »Made in Bangladesch«?
- Was sind Kindersoldaten?
- Was bedeutet Beschneidung bei Mädchen?
- Was bedeutet Massentierhaltung?
- Wie geht es den Menschen in Fukushima?
- Was ist virtuelles Wasser?
- Wie funktioniert »fair trade«?
- Wie ist die Rolle der Mädchen in Indien?
- Was bewirken Plastiktüten für die Umwelt?
- Wie kann man Strom sparen?
- Wie werden Kosmetikprodukte hergestellt?
- Was sind Tierversuche?

Lassen Sie ihre Schüler/innen einzeln oder in Kleingruppen recherchieren. Die Präsentation kann ganz analog in Form eines Plakates geschehen. Denkbar wäre eine wöchentlich wechselnde, kleine Ausstellung an einem gezielten Ort im Schulhaus, sodass viele Schüler/innen informiert sind. Im digitalen Zeitalter würde eine Präsentation im Internet allerdings sicherlich mehr Schüler/innen erreichen und die Jugendlichen mehr motivieren. Ihre Schüler könnten sich bei den Präsentationen filmen und einen wöchentlichen Blog auf ihre Schulhomepage stellen.

In kleineren Klassenstufen bietet es sich an, den Schüler/innen eine Woche Zeit zu geben, um zu einem Thema zu recherchieren. Diese »Frage der Woche« wird dann jede Woche zu einer festen Zeit besprochen und anschließend eine neue Frage gestellt (vgl. Kap. 2.8: »Medienfreiheit«, S. 31).

Anleitung für die Lehrkraft: Schreibgespräch

Schreiben Sie im Vorfeld die folgenden Impulse auf Plakatpapier:
- Müsstest du auf materielle Dinge verzichten?
- Hätte es Folgen für deinen Umgang mit Freunden?
- Wie würdest du dich informieren?
- Hätte es Folgen für deinen Alltag?
- Wo bleibt der Spaß?

Teilen Sie ihre Schüler/innen in Vierergruppen ein. Ist die Anzahl ihrer Schüler/innen nicht durch vier teilbar, so sind auch Dreier- oder Fünfergruppen möglich. Achten Sie darauf, dass die Gruppen möglichst heterogen sind, sodass mindestens ein leistungsstarker Schüler dabei ist.

Schreiben Sie die Überschrift an die Tafel:

»Ein Leben ohne Internet – funktioniert das?«

Führen Sie ein stummes Schreibgespräch durch. Die Schüler/innen unterhalten sich in Kleingruppen an den jeweiligen Stationen schriftlich auf den ausgelegten Plakaten. Es wird nichts gesprochen. Nach einem akustischen Signal wandern die Gruppen je eine Station im Uhrzeigersinn weiter. Hier unterhalten sie sich wieder nur schriftlich über die gestellte Frage, kommentieren jedoch auch die Aussagen auf den bereits bearbeiteten Plakaten. Im Anschluss informieren sich die Schüler/innen in einem Museumsgang über die Ergebnisse und tauschen sich aus. Danach bilden Sie einen Sitzkreis. In einer abschließenden Runde werden die individuellen Ergebnisse gesammelt, dazu vervollständigt reihum jeder Schüler den Satz:

»Ein Leben ohne Internet ist für mich möglich, weil ...«

oder

»Ein Leben ohne Internet ist für mich nicht möglich, weil ...«

Wahlweise können Sie die Impulse auch als Anlass für ein Stationengespräch nutzen. Dabei hängen die Fragen mit genügend Abstand zueinander auf Plakaten im Raum, und die Schüler/innen unterhalten sich in Kleingruppen an den jeweiligen Stationen. Nach einem akustischen Signal wandert jede Gruppe im Uhrzeigersinn zur nächsten Frage weiter.

Lebensmottos

»Ein Tag ohne Lächeln ist ein verlorener Tag.« (Charlie Chaplin)

»Ihr lacht über mich, weil ich anders bin. Ich lache über euch, weil ihr alle gleich seid.« (Kurt Cobain)

»Denke nicht so oft an das, was dir fehlt, sondern an das, was du hast.« (Anonym)

»Es kommt nicht darauf an, dem Leben mehr Jahre zu geben, sondern den Jahren mehr Leben zu geben.« (Alexis Carrel)

»Es ist besser, für den gehasst zu werden, der man ist, als für die Person geliebt zu werden, die man nicht ist.« (Kurt Cobain)

»Lerne aus der Vergangenheit, träume von der Zukunft, lebe in der Gegenwart.« (Anonym)

»Nimm das Leben nicht so ernst, du kommst da ja doch nicht lebend raus.« (Elbert Hubbard)

»Glücklich allein ist die Seele, die liebt.« (Johann Wolfgang von Goethe)

»Das Leben ist wie Zeichnen – nur ohne Radiergummi.« (Chinesisches Sprichwort)

»Aus den Steinen, die dir in den Weg gelegt werden, kannst du etwas Schönes bauen.« (Kästner)

»Wir leben alle unter dem gleichen Himmel, aber wir haben nicht alle den gleichen Horizont.« (Konrad Adenauer)

»Nicht weil die Dinge unerreichbar sind, wagen wir sie nicht. Weil wir sie nicht wagen, bleiben sie unerreichbar.« (Seneca)

»Erfolg ist einmal mehr aufstehen, als umfallen.« (Sir Winston Churchill)

»Damit das Mögliche entsteht, muss immer wieder das Unmögliche versucht werden.« (Hesse)

»Ich kenne keinen sicheren Weg zum Erfolg, aber einen sicheren Weg zum Misserfolg: Es allen Recht machen zu wollen.« (Platon)

»Viele Menschen sehen die Dinge, wie sie sind und sagen – warum? Ich aber träume von Dingen, die nie gewesen sind und sage – warum nicht?« (John F. Kennedy)

»Seine Meinung zu ändern, erfordert manchmal mehr Mut, als bei seiner Ansicht zu verharren.« (Christian Friedrich Hebbel)

»Phantasie ist wichtiger als Wissen, denn Wissen ist begrenzt.« (Albert Einstein)

»Wenn der Wind stärker weht, bauen die einen Mauern, die anderen Segelschiffe.« (China)

»Das Leben besteht nicht aus den Momenten, in denen du atmest. Es sind die Momente, die dir den Atem rauben!« (Anonym)

»Wer kämpft, kann verlieren. Wer nicht kämpft, hat schon verloren.« (Bertolt Brecht)

»Gib jedem Tag die Chance, der schönste deines Lebens zu werden.« (Mark Twain)

»Mitleid bekommt man geschenkt, Neid muss man sich verdienen.« (Robert Lembke)

»Vergib Deinen Feinden, aber vergiss niemals ihre Namen.« (John F. Kennedy)

»Am Ende wird alles gut. Ist es noch nicht gut, ist es noch nicht das Ende.« (Anonym)

»Wir sind jung, Das rechtfertigt alles.« (Anonym)

»Ich muss dir nicht gefallen. Ich bin ja auch kein Facebook-Status!« (Anonym)

»Love is when you don't want to sleep … because reality is better than a dream …« (Anonym)

Aufgabe:

1. Lies und beurteile die einzelnen Aussagen mit + und –.
2. Recherchiere im Internet nach weiteren Lebensmottos.
3. Tauscht euch in Kleingruppen und danach im Plenum aus.
4. Wie lautet dein Lebensmotto?

5/6 7/8 9/10

Anleitung für die Lehrkraft: Diskussion

Lieder mit deutschen Texten sind gegenwärtig so populär, wie schon lange nicht mehr. Nutzen Sie diesen neuen Trend und diskutieren Sie mit Ihren Schüler/innen über die Texte. Hier eine kleine Auswahl zum Thema »Leben in der digitalen Welt«:

- »Programmiert« von Tim Bendzko
- »Scheiß auf Facebook« von Cris Cosmo
- »Papa schüttelt seinen Kopf« von Cro
- »Rennen« von Cro
- »Whatsapper« von MC Fitty
- »Von GTA 5 wird mein Leben bestimmt« von den Lochies
- »Durchgehend online« von den Lochies

Gerade die zwei Brüder Heiko und Roman Lochmann (die Lochies) sind ein Internet-Phänomen. Über die Qualität der Texte und der Musik lässt sich streiten. Doch ihre Idee, ihr alltägliches Leben in kleine Lieder zu verpacken, sich zu filmen und diese Videos online zu stellen, machte die beiden Brüder 2014 quasi über Nacht bekannt; ein tolles Beispiel für die vielfältige, kreative Nutzung des Internets. Die Liedtexte zu allen Liedern finden Sie im Internet.

- Lesen Sie mit Ihren Schüler/innen die Texte und besprechen Sie die einzelnen Themen.
- Wählen Sie einzelne markante Textzeilen aus, um Sie genauer zu diskutieren.
- Betrachten Sie auch die entsprechenden Musikvideos; sie unterstreichen die Aussage der jeweiligen Texte.
- Lassen Sie Ihre Schüler/innen die Liedtexte ergänzen oder Paralleltexte dazu verfassen.
- Nutzen Sie die Lieder als Schreibimpuls. Ihre Schüler/innen können eine Erlebnisgeschichte zu den Themen schreiben.
- Recherchieren Sie nach den Verfassern der Liedtexte und ihrer Intention.
- Lassen Sie ihre Schüler/innen ein Cover zu dem jeweiligen Lied malen.

Für den Englischunterricht bietet sich das Lied »Too many friends« von Placebo an.

Das Internet und die Welt

1. Recherchiere:
   - Wie viele Menschen nutzen in Deutschland aktuell das Internet?
   - Wie viele Nutzer/innen sind es weltweit?
   - Wie schnell hat sich das Internet verbreitet?
   - Wie sieht ein Vergleich der Industriestaaten gegenüber Entwicklungsländern aus?
   - Für welche Zwecke wird das Internet am häufigsten genutzt?
   - Entdeckt ihr weitere Fakten, die ihr auch noch mitteilen könnt?

2. Bearbeitet die Weltkarte und präsentiert eure Ergebnisse!

3. Diskutiert in der Lerngruppe:
   - Wie wird das Internet genutzt?
   - Welche Auswirkungen hat das Internet auf das soziale Leben?
   - Kann man an der Verbreitung des Internets die industrielle Entwicklung eines Staates ablesen?
   - Erkennt Ihr bei der Verbreitung des Internets einen Nord-Süd-Konflikt?
   - Wie könnte das in Zukunft aussehen?

KV 7b

Das Internet und die Welt

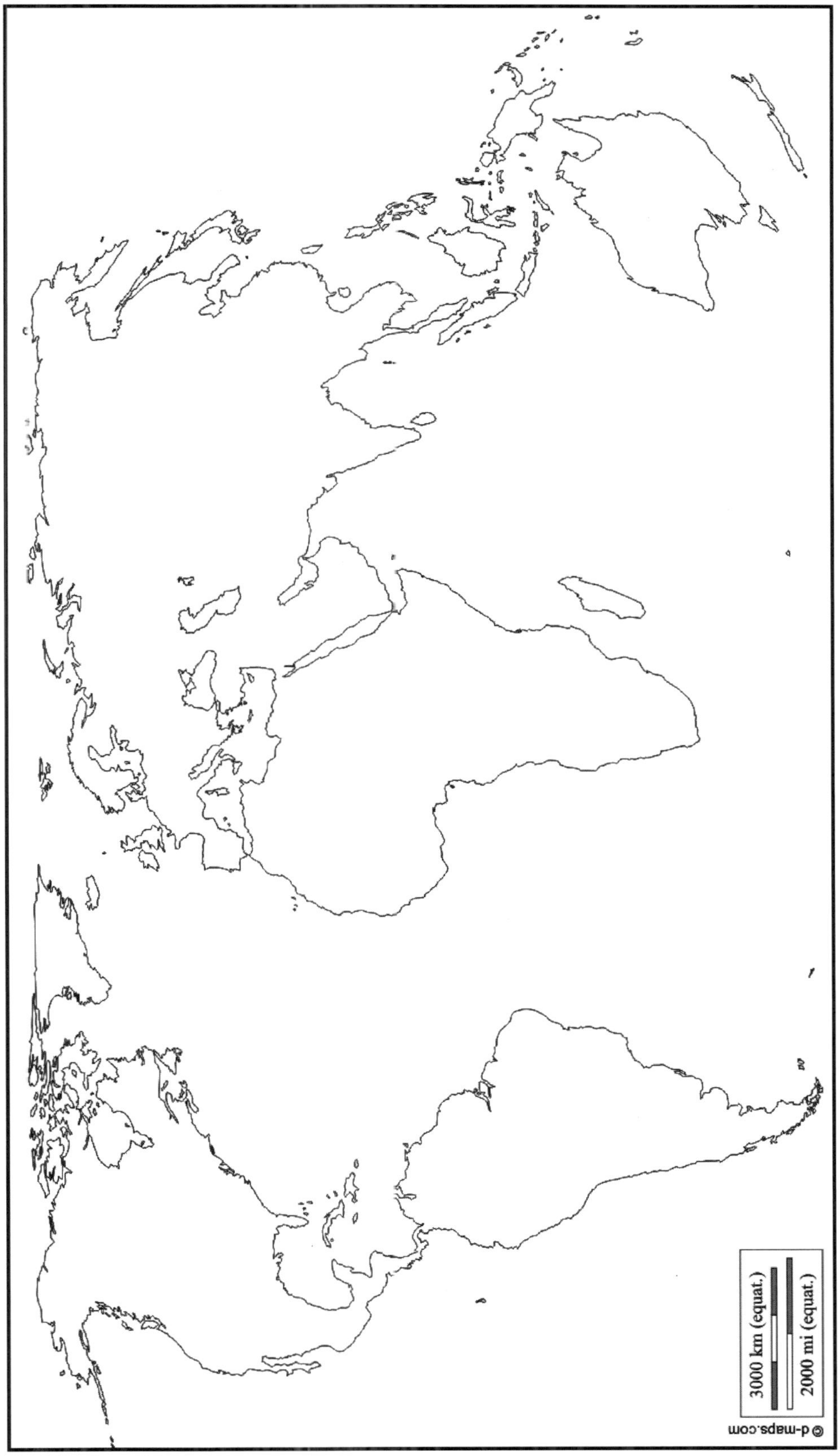

Quelle: http://d-maps.com/carte.php?num_car=3243&lang=de

Anleitung für die Lehrkraft: Frageleine-Methode

9/10

Beispiel: Geben Sie Ihren Schüler/innen einen kurzen Einblick in die Situation der arabischen Staaten im Frühjahr 2011. Benutzen Sie dazu folgende Stichpunkte:

- totalitär geführte Staaten
- beginnende Proteste im Dezember 2010
- Naher Osten
- Nordafrika (Kartenarbeit)
- Rolle des Internets in dieser Zeit

Die Schüler/innen gehen in Kleingruppen und beraten sich, was sie zu diesem Thema wissen möchten. Die Fragen werden auf ein Plakat mit einem großen Fragezeichen geschrieben und im Plenum präsentiert. Im Anschluss daran einigt sich die Lerngruppe darauf, welche Fragen (max. zehn) sie bearbeiten möchten. Diese werden an einer Wäscheleine im Saal aufgehängt. Nun arbeiten die Schüler/innen in Partnerarbeit (max. drei). Sie wählen sich bestimmte Fragen aus und recherchieren im Internet danach. Die jeweiligen Ergebnisse werden auf ein Plakat mit Ausrufezeichen in ein bis zwei Sätzen zusammengefasst und präsentiert. Mit Kreppklebeband kann man sie mühelos an die Fragezeichenblätter anheften. Im Anschluss folgt eine Diskussion zur Frage: Welche Rolle spielte das Internet bei den Protesten im Arabischen Frühling?

Arbeitsblatt gläserner Mensch

»Der Große Bruder (englisch: Big Brother) ist in dem Roman ›1984‹ von George Orwell der fiktive Diktator des totalitären Staates ›Ozeanien‹, der die Kontrolle und Unterdrückung seiner Bürger zur Perfektion getrieben hat. Der Schriftsteller selbst wurde durch den britischen Geheimdienst jahrelang überwacht.

In der Gesellschaft, die Orwell in dem Buch ›1984‹ beschreibt, befindet sich jeder unter der vollständigen Überwachung durch die Behörden. Der Große Bruder ist allgegenwärtig und verfolgt die Bürger bis in die intimsten Bereiche ihres Lebens. Auch vor der Sexualität macht die ständige Kontrolle des Großen Bruders nicht halt. Die Bevölkerung wird durch die ständige Erwähnung des Propaganda-Slogans ›Der Große Bruder sieht dich‹ (engl.: ›Big Brother is watching you‹) an diese Tatsache erinnert. In Anlehnung an Orwells Roman wird der Begriff ›Großer Bruder‹ für einen (staatlichen oder privaten) Überwachungsapparat gebraucht, dem man machtlos gegenübersteht.«

Quelle: Wikipedia[1]

Aufgabe:

Viele sprechen in Zusammenhang mit dem Überwachungsskandal der NSA (2014) von dem Buch »1984« von George Orwell.

- Recherchiert in Partnerarbeit aktuelle Ergebnisse der Enthüllung des Abhörskandals.
- Seht auch ihr Gemeinsamkeiten zu »Big brother is watching you«?
- Was bedeutet der Begriff »der gläserne Mensch«?
- Was haltet ihr von der Behauptung:
  »Der moderne Mensch macht sich selbst zum gläsernen Menschen.«?

1 Nicht selten ist Wikipedia als Quellenangabe berechtigterweise nicht zulässig. An dieser Stelle bietet sich diese Angabe jedoch thematisch an.

Anleitung für die Lehrkraft: Recherche

Recherchieren Sie mit Ihren Schüler/innen im Internet:

- Wie viel Strom verbraucht der Durchschnitts-PC am Tag/im Jahr?
- Wie viel Watt verbraucht ein Gerät im Standby-Modus?
- Verbraucht ein PC online mehr als offline?
- Verbrauchen verschiedene Spiele unterschiedlich viel Strom?
- Welche Einsparungen bewirkt eine abschaltbare Steckerleiste?
- Was bewirkt es, nachts alle unnötigen Stromquellen auszuschalten?
- Verbraucht ein Akku-Ladegerät auch Strom, wenn kein Handy zum Aufladen angehängt ist?

- Sammeln Sie diese Ergebnisse.
- Diskutieren Sie mit Ihren Schüler/innen darüber.
- Einigen Sie sich auf die fünf besten Maßnahmen, die ein Schüler kontrollieren kann, um Strom im elterlichen Haushalt zu sparen.
- Vereinbaren Sie mit ihren Schülern einen »Deal«:
  Die Schüler/innen beschließen mit den Eltern, dass sich das Kind ein Jahr um das Stromsparen im Haushalt kümmert. Am Ende des Jahres vergleichen sie gemeinsam die Differenz zum Vorjahr und die Schülerin/der Schüler bekommt den Betrag ausgezahlt. Ein weiterer Anreiz wäre, wenn die Schülerin/der Schüler, der die prozentual höchste Einsparung erzielte, zum Klassensieger ernannt wird.

Trollen

»Hilfe, die Googles kommen«

»Es handelt sich hauptsächlich um Kerle, die entweder Hans-Christian oder Fürchtegott heißen – oder zumindest so aussehen. Hans-Christian ist vor meinem inneren Auge Mitte dreißig, Single, Katzenfreund, Hundehasser, arbeitet auf dem Ordnungsamt in der Abteilung Leinenpflicht und wohnt noch bei seinen Eltern. Um dem Elend der eigenen Existenz etwas entgegenzusetzen, verbringt er nach Feierabend die Zeit vor seinem Rechner. Bevor er loslegt, lässt er sich von seiner Mutti noch eine Stulle schmieren, und dann sitzt er, nur mit seiner Feinrippunterhose bekleidet, in seinem überheizten Dachzimmer auf einem schwarzen Bürostuhl. Seine Aufgabe in der Welt ist es nun, Anarchie zu verbreiten, und so schreibt er couragiert und tollkühn anonyme Youtube-Kommentare. Sein User-Name ist megadevilfucker662 (Er hätte gerne noch eine 6 mehr gehabt, aber megadevilfucker666 war nicht mehr frei.) Mit diesem Kampfnamen ist Hans-Christian nichts weniger als die Online-RAF. Jawohl, er ist kein Surfer, sondern ein Baader. Er erschafft nicht, er zerstört und anstatt etwas Eigenes hochzuladen, schreibt er lieber etwas anderes runter. [...]

Natürlich war Hans-Christian nicht immer so. Früher machte er sich noch die Mühe, sinnvolle Argumentationsketten zu posten. Als das nur für geringe Aufmerksamkeit sorgte, schaltete er auf Provokation um und siehe da: Die Menschen hörten ihm zu. Nicht gerne, aber sie reagierten.

Die Entwicklung zum Troll beginnt aber früher, zumeist in der Pubertät. Dafür habe ich sogar Belege. Seit ich hin und wieder auf Youtube publiziere, kristallisiert sich für mich eine weitere Spezies Störenfriede heraus: pubertierende Buben, die, von der Frauenwelt ignoriert, neben Selbstliebe, Deutschrap und Gaming ihre Freizeit dem Verfassen despektierlicher Kommentare auf Videoportalen widmen.

Liebe Nerds, ich meine nicht euch, ihr friedfertigen Könige der Popkultur. Ich mag euch, und ich mag Deutschrap, Gaming und auch Selbstliebe.

Nicht jeder, der sich mit diesen Hobbies identifiziert, ist ein Troll, aber jede Menge Trolle haben eben diese Hobbys.

Aus: Tobias Mann: Hilfe, die Googles kommen. © 2013 Ullstein Buchverlage GmbH, Berlin.

Aufgabe:

1. Warum trollen Trolle?
2. Ein Video bei *Youtube* zu veröffentlichen kostet Zeit und Mühe.
   Selbst, wenn es nicht gut ist, so hat sich doch jemand viel Arbeit gemacht.
   Ist aus dieser Sicht trollen in Ordnung?
3. Formuliert in Partnerarbeit drei Troll-Regeln!
4. Vergleicht sie innerhalb der Klasse!

Meinungsfreiheit heute

(1) Jeder hat das Recht, seine Meinung in Wort, Schrift und Bild frei zu äußern und zu verbreiten und sich aus allgemein zugänglichen Quellen ungehindert zu unterrichten. Die Pressefreiheit und die Freiheit der Berichterstattung durch Rundfunk und Film werden gewährleistet. Eine Zensur findet nicht statt.
(2) Diese Rechte finden ihre Schranken in den Vorschriften der allgemeinen Gesetze, den gesetzlichen Bestimmungen zum Schutze der Jugend und in dem Recht der persönlichen Ehre.
(3) Kunst und Wissenschaft, Forschung und Lehre sind frei. Die Freiheit der Lehre entbindet nicht von der Treue zur Verfassung.

Aufgabe:

1. Recherchiere:
   - Um welches Gesetz handelt es sich hier?
   - Wo findet man es?
   - Gilt die Pressefreiheit um jeden Preis?
   - Gibt es einen Pressekodex, also ein ethisches Gesetz, an das sich Journalisten halten sollten?

2. Diskutiert:
   - Hat sich Journalismus mit dem Internet verändert?
   - Wie sah Journalismus wohl vorher aus?
   - Gilt der Pressekodex auch für *Facebook*, *Twitter*, *Google+* und Co.?

Im März 2014 wurde in der Türkei der Kurznachrichtendienst Twitter verboten.

Aufgabe:

3. Diskutiert:
   Wenn ein soziales Netzwerk oder ein Nachrichtendienst verboten wird, was bedeutet das für die Freiheit der Menschen in diesem Land?

Anleitung für die Lehrkraft: Diskussion

Die Medien bewegen sich ständig auf einem schmalen Grat zwischen dem Recht der Gesellschaft auf Information und dem Schutz der Persönlichkeitsrechte des Individuums. Diskutieren Sie mit Ihren Schüler/innen über die Rolle der Medien, aber auch die Aufgabe der Medien in unserer Gesellschaft. Gute Beiträge dazu finden Sie auf der Internetseite der »Bundeszentrale für politische Bildung« (www.bpb.de). Immer wieder werden Ihnen aktuelle Themen begegnen, in denen der genannte Grat sehr schmal ist. Bleiben Sie wachsam und scheuen Sie sich nicht, regelmäßig aktuelle Unterrichtsstunden zum Zeitgeschehen einzuräumen. Bereiten Sie diese allerdings sorgfältig vor und erwarten Sie nicht, dass alle ihre Schüler/innen über das aktuelle Weltgeschehen informiert sind. Gezielte Arbeitsaufträge und Rechercheaufgaben sind immer nötig. Folgende Tabelle kann Ihnen helfen, die Schüler/innen vorzubereiten. Hier ein paar Ideen und mögliche Themen, die Ihnen Anlass für eine Diskussion zu Medienfreiheit geben:

- Quotendruck der Medien und die Qualität der Bilder
- Persönlichkeitsrechte von Promis
- Persönlichkeitsrechte von Politiker/innen
- »Ekel-TV« und Menschenwürde
- Wahlen und der Einfluss der Medien
- Ist in Fukushima alles in Ordnung, wenn darüber nicht mehr berichtet wird?
- Warum gibt es mehr Kriege, als in den Medien berichtet wird?
- Wird in aktuellen Konflikten stets ein objektives Bild geliefert?

Ein guter Anlass, um Schüler/innen immer wieder zu objektivem Urteilen zu erziehen, ist die »Frage der Woche«: Die Schüler/innen erhalten für den Zeitraum einer Woche eine Frage oder einen Rechercheauftrag. Zu Beginn einer festgesetzten Unterrichtsstunde wird kurz über diese Frage der Woche diskutiert. Es ist zu empfehlen, die Frage der Woche auf freiwilliger Basis anzubieten, ohne Kontroll- und Zensurzwang. Es erspart Ihnen viel Arbeit und macht es für die Schüler/innen dadurch meist sogar interessanter. Ihr Ziel sollte es sein, die Schüler/innen zu informieren und ein gewisses Maß an Allgemeinbildung zu vermitteln. Dies erreichen Sie auch durch die wöchentlichen Diskussionen. Besonders fleißige und interessierte Schüler/innen sollten Sie jedoch unbedingt zusätzlich belohnen, z. B. über eine mündliche Zusatznote.

Frage der Woche

Aktuelles Thema: ______________________

WER?	
WAS?	
WANN?	
WO?	
WARUM?	
WELCHE FOLGEN?	

Die vierte Gewalt

Die Basis einer Demokratie ist die Gewaltenteilung.

Aufgabe:

1. Bearbeitet in Gruppenarbeit:
   - Was versteht man unter Gewaltenteilung?
   - Benennt die jeweiligen Gewalten und ihre Bezeichnung in der Bundesrepublik Deutschland!
   - Stellt die Gewaltenteilung in einem Modell dar!
   - Warum ist die Gewaltenteilung für eine gut funktionierende Demokratie wichtig?
   - Beurteilt die Gewaltenteilung in der Bundesrepublik Deutschland!
2. Politikwissenschaftler sprechen von einer vierten Gewalt. Recherchiert, was man darunter versteht! Wie ist eure Meinung dazu?
3. Übt eure Präsentation!
4. Diskutiert in der Lerngruppe über eure Ergebnisse.

Das Internet: Demokratie pur?

Das Internet –
Demokratie pur!

Aufgabe:

1. Stimmt diese Aussage? Warum ja? Warum nein?
2. Nennt Beispiele.
3. Diskutiert.
4. Gestaltet in Dreiergruppen ein Cluster.

Anleitung für die Lehrkraft: Die Hyde Park Corner-Methode

9/10

In der Zeit vor dem Smartphone bekam ein interessierter Mensch täglich seine Tageszeitung und schaute abends die Tagesnachrichten im Fernsehen. Heute kommen minütlich neue Eilmeldungen über die Nachrichtenticker der Online-Portale. Viele Kritiker beklagen, dass die Seriosität unter diesem Umstand leiden könnte.

Verteilen Sie die folgenden Statements an Kleingruppen (drei bis vier Schüler/innen). Die Schüler/innen recherchieren selbstständig und versuchen, das Statement zu erklären. Danach werden die gesammelten Ergebnisse präsentiert. Dies kann aufwendig als Plakat gestaltet oder zeitökonomisch mit Ausdrucken aus dem Internet geschehen. Hängen sie dann die Ergebnisse mit gewissem Abstand zueinander im Raum oder Schulgebäude (z. B. Flur, Treppenhaus) aus. Bilden Sie nun neue Kleingruppen, in denen jeweils mindestens ein Experte der vorangegangenen Recherchearbeit eines jeweiligen Themas vertreten ist.

Nun rotieren die neuen Kleingruppen von einem Thema zum nächsten. Die jeweiligen Expert/innen geben kurz Einblick in die Thematik und die Kleingruppe diskutiert über die Auswirkungen der schnellen Berichterstattung.

In einer Abschlussrunde werden in der gesamten Lerngruppe die Meinungen und Ergebnisse noch einmal aufgegriffen, ausgetauscht und eventuell vertieft.

Statements

»Gute Berichterstattung verlangt Zeit.«

»Viele Jugendlichen verstehen unter Nachrichten die neusten Fakten über A–Z -Promis.«

»Wir leben heute nicht in einer Demokratie, sondern in einer Mediokratie.«

»Die Aktualität eine Pressemitteilung kann sich heute innerhalb weniger Sekunden ändern.«

»Als die Medien 2012 über einen angeblichen Kindesmörder berichteten, löste das eine Hasswelle in Emden aus. Viele Bürger stürmten die örtliche Polizeiwache und wollten den 17-Jährigen verurteilt sehen. Nach nur kurzer Zeit stellte sich heraus, dass der 17-Jährige unschuldig ist. Ein anderer war der Täter. Das war ein klarer Fehler der Berichterstatter.«

»Die Medien sind nur so schnell, weil wir Konsumenten das fordern.«

»Manchmal scheinen Nachrichtensender schneller an Einsatzorten zu sein, als die Polizei selbst. Nur um schnellstmöglich darüber zu berichten. Wem soll das dienen?«

»Die Hetzjagd auf die brandheißesten News hat schon manchen das Leben gekostet, zum Beispiel die Prinzessin von Wales.«

»Es ist geschmacklos, wie die Medien über die Opfer von Amokläufen berichten. Da geht es nur noch um neue, schnelle Schlagzeilen, nicht mehr um seriöse Berichterstattung.«

Anleitung für die Lehrkraft: Podiumsdiskussion

Lassen Sie Ihre Schüler/innen in Kleingruppen folgende Fragen beantworten: 9/10

- Wie sind die Arbeitsbedingungen bei Online-Versandhäusern wie beispielsweise »Amazon«?
- Wie viele Menschen finden dadurch geregelte Arbeit?
- Was passiert, wenn Menschen nur noch online einkaufen?
- Wie würde eure Ortschaft aussehen, wenn Menschen nur noch online einkaufen?
- Wie macht ihr das zuhause? Kauft ihr mehr vor Ort oder mehr online?
- Habt ihr euch schon einmal vor Ort beraten lassen und es dann doch online gekauft? Welche Konsequenzen hat das?
- Welche Folgen hat es für die Umwelt (z. B. Verpackungsmüll, Abgase, Transportverkehr)?

Im Internet findet man dazu viele eindrucksvolle Artikel und Videos. Im weiteren Verlauf teilen Sie ihre Lerngruppe in Kleingruppen ein. Sie sollen ihre Recherchen und Bearbeitungen aus der Sicht einer jeweiligen Gruppe bearbeiten:

- »Amazon«-Chef
- Mitarbeiterin bei »Amazon«
- alleinerziehende Mutter mit wenig Geld
- Besitzerin eines kleinen Spielzeugladens in der Fußgängerzone einer Kleinstadt
- Kommunalpolitiker
- Umweltaktivist

Die Gruppenmitglieder bestimmen selbst, wer ihre Gruppe in der anschließenden Podiumsdiskussion vertritt. Sie können selbst Moderator/in sein oder für diese Aufgabe eine Schülerin/einen Schüler bestimmen. Beenden Sie die Diskussionsrunde mit einem abschließenden Fazit jedesVertreters. Abschließend sollen die Schüler/innen aus ihrer persönlichen Sicht die Fragen diskutieren.

Ist das alles echt, was ich sehe?

Aufgabe:

Mit einfachsten Mitteln kann aus jedem Bild eine Inszenierung gemacht werden: Den Himmel etwas blauer, den Bauch etwas dünner, die Muskeln etwas praller, die Falten etwas glatter, …

1. Recherchiert in Partnerarbeit nach den besten Täuschungen, Inszenierungen und Fälschungen.
2. Viele bekannte Fakes sind bereits vor der digitalen Fotografie entstanden. Das war noch echte Handarbeit.
3. Findest du die besten Fakes der Geschichte?
4. Glaubt ihr alles, was ihr seht? Diskutiert darüber!

KV 16

Videoportale

Aufgabe:

1. Sammelt in Kleingruppen mindestens zehn Beispiele, was ihr euch auf Videoportalen (*Youtube*, *myvideo*, …) gerne anschaut:
   - Worüber könnt Ihr am meisten lachen?
   - Was verängstigt euch?
   - Was findet ihr geschmacklos?
   - Was nervt euch?

2. Sammelt eure Ergebnisse an der Tafel!
3. Diskutiert: Schaut ihr mehr Fernsehen oder mehr Videoportale?
4. Interviewt eure Eltern bzw. Großeltern mit dem Fragebogen!
5. Wertet eure Ergebnisse aus. Ihr könnt dabei Plakate gestalten oder Diagramme erstellen. Diskutiert darüber!
6. Schaut euch gemeinsam die beliebtesten Ergebnisse auf einem Videoportal eurer Wahl an! Wie wäre es, wenn ihr dafür eure Eltern und Großeltern einladet und ihr auch mal eure aktuellen Lieblingsvideos präsentiert?

KV 17

Fragebogen:
Worüber lache ich? Worüber lachst du?

Name: ______________________

Geschlecht: **männlich** ▢ **weiblich** ▢

Alter: ______________________

1. Worüber hast du im Fernsehen früher am meisten gelacht?
   (zwei bis drei Nennungen möglich)

2. Was verängstigte dich? (zwei bis drei Nennungen möglich)

3. Was war in deinen Augen geschmacklos? (zwei bis drei Nennungen möglich)

4. Was hat dich genervt? (zwei bis drei Nennungen möglich)

5. Was nervt dich heute im Fernsehen oder in Videoportalen?
   (zwei bis drei Nennungen möglich)

6. Schaust du mehr Fernsehen oder mehr Videoportale?

Videos verbreiten

Das erste Video, das Mia entdeckte, zeigte einen kleinen Welpen, der von einem Mann auf brutalste Weise geschlagen und getreten wurde – schrecklich. Sofort wusste sie, was zu tun war! Sie teilte das Video mit ihren Freunden! Mit einem großen Aufruf: So eine Schweinerei! Seitdem hält sie Ausschau nach ähnlichen Videos und verbreitet sie. Sie möchte damit andere auf die Ungerechtigkeiten, die hilflosen Tieren widerfährt, aufmerksam machen.

Aufgabe:

Diskutiert:

- Habt ihr auch schon einmal solche oder ähnliche Videos erhalten?
- Wie findet ihr Mias Verhalten?
- Was ist ihr Ziel?
- Erreicht sie das, was sie möchte?
- Wie sollte man sich eurer Meinung nach verhalten, wenn man solche Videos erhält?

»Stellen Sie sich eine Welt vor, in der das gesamte Wissen der Menschheit jedem frei zugänglich ist. Das ist unser Ziel!«

Jimmy Wales
(Mitgründer der freien Wissensplattform Wikipedia)

Anleitung für die Lehrkraft: Projekt

Wikipedia – im frühen 21. Jahrhundert wohl die größte Wiki weltweit – ist eine tolle Einrichtung. Vor *Wikipedia* war alles Wissen in Büchern versteckt und scheinbar nur für eine vergleichsweise geringe Prozentzahl der Menschheit zugänglich. *Wikipedia* ist die Erfüllung des Traums der Aufklärer und Demokraten.

Und das Tolle ist, es funktioniert! Doch gilt das tatsächlich für alle Artikel? Kann man auch Unsinn oder gar Lügen auf Wikipedia verbreiten? Dies zu erfahren, ist für die digitale Generation elementar. Denn Schüler/innen müssen wissen, ob sie sich auf ihre Hauptinformationsquelle für Hausaufgaben und Referate auch verlassen könne.

Probieren Sie es gemeinsam mit ihren Schüler/innen!

Bitte beachten Sie folgende Dinge unbedingt:

- Verbreiten Sie keine Inhalte, die strafrechtlich verfolgt werden können (Rufschädigung etc.).
- *Wikipedia*-Autor/innen sind selbst für ihre Artikel verantwortlich, und ihnen ist ihre Arbeit wichtig. Rechnen Sie bei bestimmten Themen bitte auch mit Angriffen, sogenannten »Wikiwars«, und entscheiden Sie selbst, ob ihnen diese Auseinandersetzungen tatsächlich die Sache wert ist.
- Je (objektiv) unwichtiger oder weniger brisant ein Thema ist, desto weniger wird ihre Notiz auffallen. Trotzdem ist das Vandalismus!
- Sie müssen unbedingt, dem wissenschaftlichem Ethos folgend, nach einem kurzen Zeitraum (eine Woche) ihren Artikel überprüfen.
- Darüber hinaus können Sie auch gesammeltes *Wikipedia*-Wissen mit handelsüblichen Lexika vergleichen, um den Schüler/innen zu zeigen, wie wichtig es ist, sich immer selbst zu vergewissern und gegebenenfalls zu korrigieren.
- *Wikipedia* kann auch ein guter Aufhänger sein, um das Thema »Urheberrecht« bzw. »Urheberschaft« zu besprechen.

Diskutieren Sie nach einer Woche über die Ergebnisse des Projekts!

Auch du kannst Wissensvermittler werden!

Aufgabe:

1. Informiere dich auf »Wikipedia.org«, wie du dich am größten Lexikon der Welt beteiligen kannst.
2. Suche ganz gezielt nach eher unbekannten Denkmälern, Straßen oder Ausflugsmöglichkeiten in deiner Umgebung, ob sie bei »Wikipedia« erklärt wurden. Auch Personen, die vielleicht lokale Größen sind, sind nicht immer zu finden.
3. Verfasse einen Artikel und veröffentliche ihn auf »Wikipedia«! Erlaube dir dabei einen kleinen Unsinn und veröffentliche einen Artikel, der eine Lüge enthält! Mal sehen, ob die »Wikipedia«-Community deine Lüge überhaupt bemerkt und ob dein Fehler korrigiert wird.
4. Diskutiert nach einer Woche über euer Projekt. Bedenkt dabei folgende Fragen:
   - Was sagt euer Ergebnis über die Nutzung von Wikipedia als Informationsquelle aus?
   - Könnt ihr Wikipedia vertrauen?
   - Was denkt ihr über Meinungs- und Pressefreiheit?

Bitte beachte folgende Dinge unbedingt:

- Verbreite keine Inhalte, die strafrechtlich verfolgt werden können (rufschädigende Lügen, …)!
- »Wikipedia«-Autor/inneen sind selbst für ihre Artikel verantwortlich, und ihnen ist ihre Arbeit wichtig.
- Rechne bei bestimmten Themen bitte auch mit Angriffen, sogenannten »Wikiwars«, und entscheide selbst, ob dir diese Auseinandersetzungen die Sache tatsächlich wert ist.
- Je (objektiv) unwichtiger oder weniger brisant ein Thema ist, desto weniger wird die Notiz auffallen. Trotzdem ist das Vandalismus!
- Du musst unbedingt, dem wissenschaftlichem Ethos folgend, nach einem kurzen Zeitraum (eine Woche) deinen Artikel überprüfen.

Anleitung für die Lehrkraft: Präsentation

7/8
9/10

Egal, ob man ein Smartphone besitzt, einen Fernseher (oder ihn entsorgt) hat oder immer noch Printleser ist, Medien bestimmen unser tägliches Leben, unser Miteinander und unsere kulturellen Ansichten. Doch in einer Zeit, in der die Gesellschaftswissenschaft von einem »Clash of Civilization« (Huntington ▪) spricht, sollte man den Einfluss der Weltreligionen nicht unbeobachtet lassen. Doch wie vereinbaren sich die Lehren der fünf großen Weltreligionen mit den Auswirkungen des digitalen Zeitalters? Lassen Sie es Ihre Schüler/innen herausfinden! Sie können dabei einen großen Vergleich über die weltweite Verbreitung, die Anzahl der Gläubigen, und die prozentuale Verteilung auf der Welt geben und in diesem Zusammenhang die Hauptlehren der fünf Weltreligionen und ihre Aktualität in der digitalen Welt untersuchen. Zur Ausarbeitung bietet sich die Expertenmethode, aber auch eine Gruppenarbeit mit Präsentation an. Sie können sich aber auch je nach Lehrplanthema nur eine Religion heraussuchen und sie beleuchten.

Leben digital und das Christentum

»›Meister, welches ist das höchste Gebot im Gesetz?‹
Jesus aber antwortete ihm:
›Du sollst den Herrn, deinen Gott, lieben von ganzem Herzen, von ganzer Seele und von ganzem Gemüt Dies ist das höchste und größte Gebot. Das andere aber ist dem gleich: ›Du sollst deinen Nächsten lieben wie dich selbst.‹«

Das Doppelgebot der Liebe; Matthäus 22

Aufgabe:

Neben allen Unterschieden in der Auslegung und der Dogmatik ist dies die Hauptlehre des Christentums und die Hauptaussage, die Jesus selbst in seiner Bergpredigt gesprochen hat.

1. Überlege dir in Einzelarbeit drei Argumente dafür, dass ein moderner Mensch im digitalen Zeitalter trotzdem Christ sein kann und drei Argumente dafür, dass dies nicht möglich ist.
2. Diskutiert in Partnerarbeit über eure Argumente!
3. Einigt euch in einer Kleingruppe auf die vier besten Argumente (zwei Pro, zwei Contra) und diskutiert: Welche Dinge muss ein Christ beachten, um zeitgemäß und digital zu leben?
4. Diskutiert im Plenum: Wie ist eure Meinung zum Doppelgebot der Liebe?

Leben digital und das Judentum

Die zehn Gebote

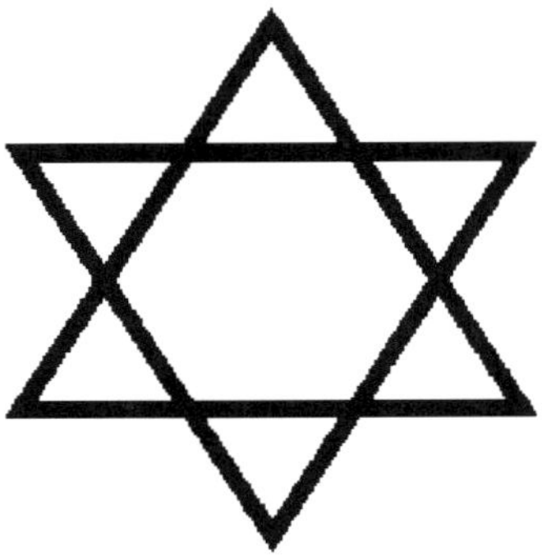

1. Ich bin der Herr, dein Gott. Bete keine anderen Götter an.
2. Sprich den Namen Gottes mit Ehrfurcht aus.
3. Feiere den siebten Tag der Woche als meinen Tag.
4. Sei gut zu deinem Vater und zu deiner Mutter.
5. Töte nicht.
6. Bleibe dem Menschen treu, den du liebst.
7. Stehle nicht.
8. Sage nichts Unwahres über andere Menschen.
9. Gönne den Menschen, die sich lieben, ihr Glück und zerstöre es nicht, um es selbst zu haben.
10. Sei nicht neidisch auf das, was andere haben.

Verkürzt nach: Die zehn Gebote. Martin Luthers kleiner Katechismus. 2. Mose, Kapitel 20. Die gute Nachricht. Deutsche Bibelgesellschaft Stuttgart. 1997.

Neben vielen Geboten und Verboten und unterschiedlichen Auslegungen sind die zehn Gebote die Hauptlehre der jüdischen Bibel. Auch im Christentum, das seine Wurzeln im Judentum hat, spielen sie eine zentrale Rolle. Ist es im digitalen Zeitalter noch möglich, nach den zehn Geboten zu leben?

Aufgabe:

1. Finde in Einzelarbeit für jedes Gebot mindestens ein Beispiel dafür, wie man es im digitalen Zeitalter nicht einhalten kann!

2. Vergleicht und diskutiert in Partnerarbeit!

3. Diskutiert in Gruppenarbeit.
4. Welche Dinge muss man beachten, um nach den zehn Geboten zu leben?

5. Diskutiert im Plenum: Ist es schwierig, nach den zehn Geboten zu leben?

Leben digital und der Islam

Die Fünf Säulen des Islam:

1. Islamisches Glaubensbekenntnis
2. rituelles Gebet (5 Mal am Tag)
3. Almosensteuer
4. Fasten (im Monat Ramadan)
5. Pilgerfahrt (nach Mekka)

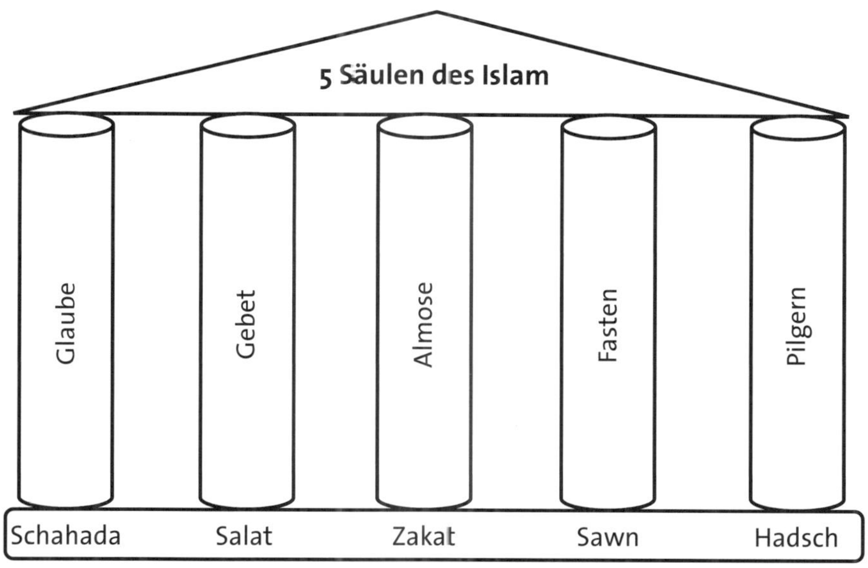

Im Leben einer Muslimin/eines Muslims ist es besonders wichtig, nach den Regeln des Propheten Mohammeds zu leben. Sind die fünf Säulen des Islam mit der digitalen Welt vereinbar?

Aufgabe:

1. Recherchiere zuerst im Internet, falls dir Dinge unklar sind!
2. Finde in Einzelarbeit für jede Säule ein Beispiel dafür, dass es im digitalen Zeitalter schwierig ist, nach dem Islam zu leben!
3. Vergleicht in Kleingruppen eure Ergebnisse und diskutiert!
4. Diskutiert im Plenum: Welche Dinge muss eine Muslimin/ ein Muslim beachten, um zeitgemäß und digital zu leben?

Leben digital und der Buddhismus

Das zentrale Element der buddhistischen Lehre ist der edle achtfache Pfad. Weisheit, Sittlichkeit und tiefgründiges Leben erlangt man danach durch ein rechtes, ein verantwortungsbewusstes Leben nach dem achtfachen Pfad:

Rechte Erkenntnis

Rechte Absicht

Rechte Rede

Rechtes Handeln

Rechter Lebenserwerb

Rechtes Streben

Rechte Achtsamkeit

Rechte Sammlug

Aufgabe:

1. Recherchiert in Einzelarbeit, was mit den einzelnen Speichen des »Rades der Lehre« gemeint ist!
2. Findet in Partnerarbeit jeweils ein Beispiel dafür, dass es im digitalen Zeitalter schwierig ist, sich an den achtfachen Pfad zu halten!
3. Diskutiert in Gruppenarbeit: Welche Dinge muss man beachten, um nach dem Buddhismus zu leben?
4. Diskutiert im Plenum: Ist es schwierig, als Buddhist/in zeitgemäß und digital zu leben?

KV 24

Leben digital und der Hinduismus

Der Hinduismus ist eine sehr vielschichtige und tolerante Religion. Den verschiedenen Strömungen ist es weitestgehend freigestellt, wie und was sie glauben. Die große Gemeinsamkeit ist der Glaube an die Wiedergeburt, die Reinkarnation. Je nach Lebensweise kann man dabei in ein höherwertiges Leben oder ein geringeres Leben wiedergeboren werden. Der Hinduismus geht davon aus, dass jedes Handeln (körperlich und geistig) eine Folge hat; man strebt nach einem guten Karma.

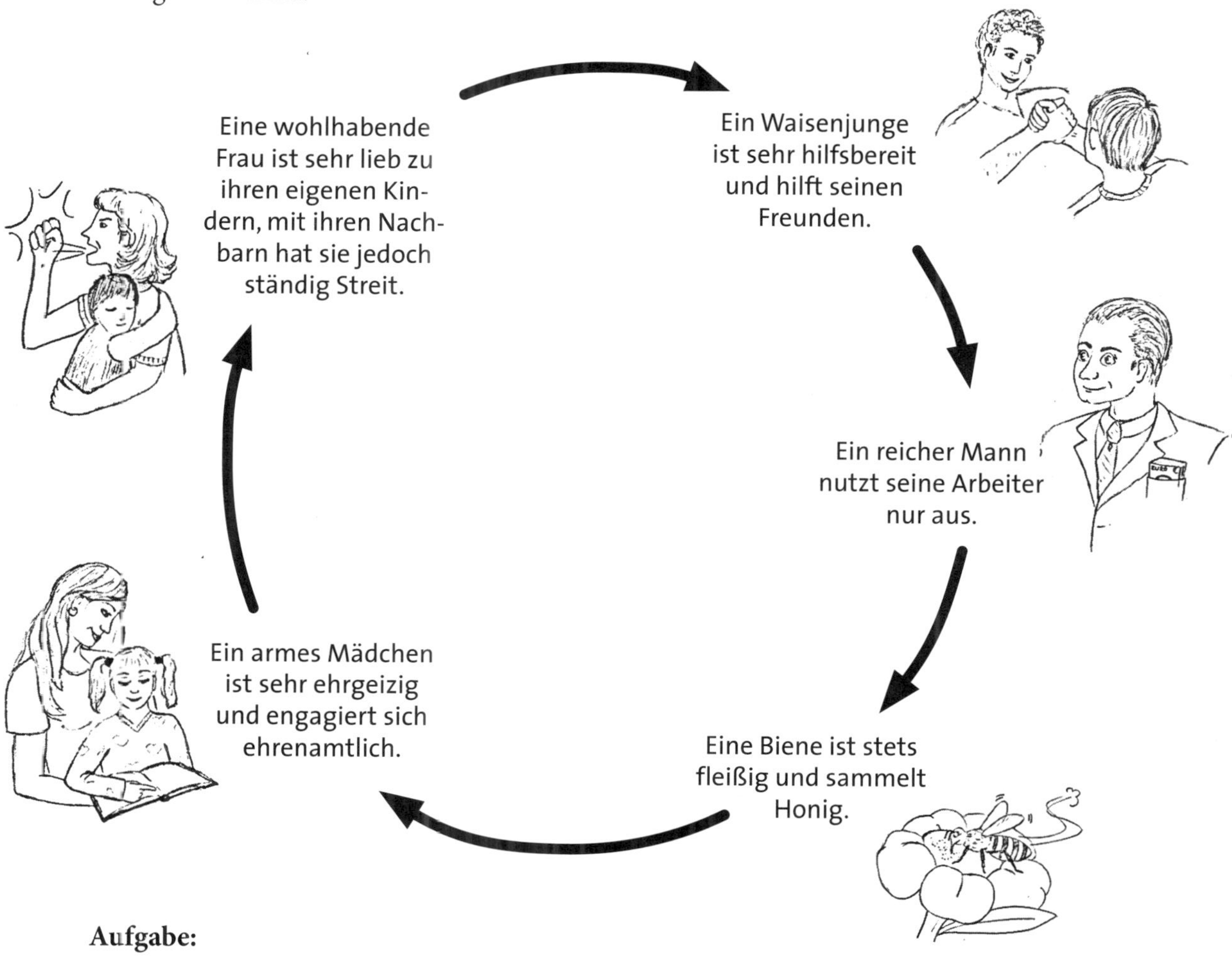

Aufgabe:

1. Recherchiert in Einzelarbeit, über die Lehre der Reinkarnation und das Kastensystem des Hinduismus!
2. Findet in Partnerarbeit Beispiele dafür, wie man im digitalen Zeitalter gutes Karma aufbauen kann!
3. Diskutiert in Gruppenarbeit: Wo wird es im digitalen Zeitalter schwierig, gutes Karma aufzubauen?
4. Verfasst in Einzelarbeit (witzige?) Reinkarnationskreisläufe im digitalen Zeitalter! Stellt euch gegenseitig im Plenum vor und diskutiert: Ist es schwierig, als Hindu zeitgemäß und digital zu leben?

KV 25

Ethische Theorien

Ethik der goldenen Regel (Bibel)

Positive Formulierung:
»Alles nun, was ihr wollt, das die Leute euch tun, das tut ihnen auch.« (Matthäus 7,12, NT)

Negative Formulierung:
»Was du nicht willst, das man dir tu, das füg' auch keinem anderen zu.« (Tobias, 4,16, AT)

Egoismusethik
»Wenn jeder an sich selbst denkt, ist an alle gedacht.« (Adam Smith)

Naturrechtsethik
Der Mensch handelt nach seiner natürlich gegebenen Vernunft: »Das Gute ist zu tun, das Böse ist zu meiden.« (z. B.: Genfer Konventionen zu Kriegsfragen)

Tugendethik
»Handle nach den gesellschaftlichen Tugenden!«
Weisheit, Tapferkeit, Besonnenheit, Gerechtigkeit (Aristoteles)
Glaube, Hoffnung, Liebe und Aristoteles' Tugenden (Christentum)
Ordnung, Fleiß, Pünktlichkeit, Sauberkeit (Dt. Bürgertum, um 1900)

Pflichtethik
Der kategorische Imperativ: »Handle so, dass dein Handeln zu einem allgemeingültigen Gesetz werden könnte.« (Immanuel Kant)

Verantwortungsethik
»Man muss für das, was man tut, gerade einstehen. Man trägt für alles, auch das Nichtstun, die Verantwortung für die Folgen.« (Hans Jonas)

Aufgabe:

1. Bildet sechs verschiedene Gruppen!
2. Entscheidet euch jeweils für eine ethische Theorie!
3. Bearbeitet folgende Aufgaben:
   - Erklärt die ethische Theorie in eigenen Worten anhand eines Beispiels!
   - Stellt euch folgende Situation vor: Eine deutsche Frau im zweiten Weltkrieg versteckt in ihrem Keller ein jüdisches Kind. Die Gestapo klingelt an der Haustür, da sie davon erfahren hat. Die Männer fragen die Frau: »Haben Sie ein jüdisches Kind in ihrem Keller versteckt?« Die Frau möchte das Kind auf jeden Fall schützen, sie müsste also lügen. Diskutiert: Wie müsste sich die Frau entscheiden, wenn sie nach eurer ethischen Theorie lebt?
   - Nennt ein Beispiel in der heutigen Welt, das es leicht macht, sich an diese Theorie zu halten!
   - Nennt ein Beispiel, das es schwierig macht, sich an diese Theorie zu halten!
   - Untersucht die digitale Welt! Denkt an soziale Netzwerke, Online-Shopping, Videoportale, Apps usw. Wo ist es leicht, wo ist es schwierig, sich an eure ethische Theorie zu halten?

Umgang mit dem Tod im digitalen Zeitalter

Aufgabe:

1. Recherchiere:
   - Was geschieht mit meinem Profil, wenn ich sterbe?
   - Was geschieht mit meinen Postings in sozialen Netzwerken?
   - Wie sieht eine Sterbekultur in der digitalen Welt aus?
   - Welche Möglichkeiten der Traueranzeigen und virtuellen Friedhöfe bietet das Internet?

2. Mache dir Stichpunkte:
   - Was wäre dir persönlich am liebsten?
   - Was findest du stimmungsvoll?
   - Was findest du geschmacklos oder pietätlos?
   - Wie möchtest du zum jetzigen Zeitpunkt, dass um dich getrauert wird?
   - Was würdest du für einen geliebten Menschen gerne tun?

3. Diskutiert über eure Meinungen!

4. Was soll nach deinem Tod passieren?

5. Diskutiert über eure Ergebnisse:
   - Gibt es Gemeinsamkeiten?
   - Gibt es große Unterschiede?
   - Warum?

Anleitung für die Lehrkraft: Studien

7/8

9/10

Seit 1998 führt der »Medienpädagogische Forschungsverbund Südwest« (MPFS) eine Studie zur Mediennutzung bei Kindern (KIM), Jugendlichen (JIM) und Familien (FIM) durch. Nutzen Sie die Angebote auf der Internetseite www.mpfs.de und lassen Sie Ihre Schüler/innen die Tests ausfüllen. Vergleichen Sie die Ergebnisse und lassen Sie die Schüler/innen herausfinden:

- Entspricht mein eigenes Medienverhalten den Ergebnissen der JIM-Studie?
- Entspricht der Klassendurchschnitt den Ergebnissen der JIM-Studie?

Vielleicht können die Schüler/innen auch selbst eine Umfrage in der Familie oder bei Freunden oder Vereinen durchführen. Die Ergebnisse bieten guten Anlass für das Üben von Prozentrechnen im Mathematik-Unterricht.

Soziale Netzwerke | 3

Die JIM-Studie 2013 zeigt, dass bereits über die Hälfte der 12- bis 13-Jährigen in einem sozialen Netzwerk mit Freunden kommuniziert. Mit zunehmendem Alter werden es immer mehr: bei den 14- bis 17-Jährigen sind es fast 90 Prozent! Sie unterhalten sich, informieren sich, tauschen sich aus. Doch viele Wissenschaftler/innen gehen davon aus, dass der Austausch über die Medien die Hemmschwelle senkt und somit ein Nährboden für Lästereien, Verleumdungen und Mobbing geschaffen wird. Das folgende Kapitel bietet Arbeitsaufträge und Redeanlässe, damit Schüler/innen ihre Kommunikation in sozialen Netzwerken bewusst wahrnehmen.

Die Schüler/innen sollen:

- ihren täglichen Umgang miteinander reflektieren und Regeln entwickeln.
- sich gezielt über die eigene Wahrnehmung von Beleidigungen austauschen.
- einen Perspektivenwechsel üben, um zu erkennen, dass jeder Mensch Dinge anders wahrnimmt.
- gezielt über die Auswirkungen von Cybermobbing diskutieren.
- beleuchten, inwieweit die Nutzung des sozialen Netzwerks sinnvoll, gefährlich, schädlich oder reine Zeitverschwendung ist.
- sich bewusst machen, wo die Grenzen der Privatsphäre liegen.

Echte Freunde

Ein echter Freund/Eine echte Freundin

- akzeptiert mich so, wie ich bin.
- hört mir immer zu.
- ist cool.
- hat viele Freunde.
- hat die gleichen Interessen wie ich.
- darf alles über mich wissen.
- würde nie schlecht über mich reden.
- sagt mir, wenn ich etwas falsch gemacht habe.
- sieht gut aus und trägt coole Klamotten.
- hat immer Zeit für mich.
- wohnt in meiner Nähe.
- erzählt meine Geheimnisse nicht weiter.

Aufgabe:

1. Wie sollte ein echter Freund/eine echte Freundin sein?
   Erstelle eine Reihenfolge! Nummeriere!
2. Diskutiere mit deinem Tischnachbarn über deine Rangfolge!
3. Wie viele echte Freunde hast du?
4. Gilt die Rangfolge für deine digitalen Freunde auch?
   Diskutiert in Kleingruppen!
5. Diskutiert in der Klasse:
   Wo liegt der Unterschied zwischen echten Freunden und digitalen Freunden?

Mit meinen digitalen Freunden muss ich unbedingt teilen …

☺ wie ich mich gerade fühle	☺ wo das Training heute stattfindet	☺ Bundesliga-Ergebnisse
☺ wo ich gerade bin	☺ in wen ich verliebt bin	☺ wie blöd mein Lehrer ist
☺ was ich gerade esse	☺ wo es coole Schuhe gibt	☺ neueste Fotos von mir
☺ was mich nervt	☺ wie weit ich mit den Hausaufgaben bin	☺ meine Kontonummer
☺ was ich gekauft habe	☺ welches Mädchen ich gerade toll finde	☺ meine Geheimisse
☺ schöne Sonnen-untergänge	☺ welchen Jungen ich gerade toll finde	☺ Geheimnisse meines/r besten Freundes/in
☺ meine Erfolge	☺ dass ich gerade Liebes-kummer habe	☺ ob ich in einer Beziehung bin
☺ meine Misserfolge	☺ wen ich total blöd finde	☺ Lästereien über Mitschü-ler/innen

Aufgabe:

1. Welche Dinge teilst du mit deinen digitalen Freunden? Kreuze an!
2. Diskutiere mit deiner Tischnachbarin/deinem Tischnachbarn, wie sie/er das sieht!
3. Einigt euch in einer Kleingruppe auf
   a. fünf Dinge, die man gar nicht online (mit)teilt!
   b. fünf Dinge, die reine Zeitverschwendung sind!
   c. fünf Dinge, die peinlich sind!
   d. fünf Dinge, die wirklich wichtig sind!
4. Gestaltet eure Rankings auf einem DIN-A3-Plakat!

Anleitung für die Lehrkraft: Die Placemat-Methode

Teilen Sie Ihre Lerngruppe in Vierergruppen ein. Lässt sich die Anzahl Ihrer Schüler/innen nicht durch vier teilen, bilden sie bitte zusätzliche Dreiergruppen. Bitte achten Sie darauf, dass die Gruppen recht heterogen sind, sodass mindestens ein leistungsstarker Schüler pro Gruppe vertreten ist.

Kopieren Sie die Placemat-Vorlage auf DIN A3 und vervielfältigen Sie sie für die Anzahl ihrer Gruppen. Jedem wird nun eine Ecke am Placemat zugeordnet. Außerdem sollte jede Schülerin/jeder Schüler innerhalb der Gruppe mit einer anderen Farbe schreiben.

Nun erklären Sie die Aufgabenstellung: »Schreibt in eure Ecke des Placemats mindestens sieben Regeln, wie man sich in sozialen Netzwerken verhält! Bleibt auf eurer Ecke und schaut nicht bei den Nachbarn; es wird nichts gesprochen! Ihr werdet im Anschluss Gelegenheit haben, zu schauen, was eure Mitschüler geschrieben haben.«

Im Anschluss an diese erste Phase rotieren die Schüler/innen im Uhrzeigersinn um das Placemat. In je zwei Minuten haben Sie Zeit, die Ergebnisse der Mitschüler/innen durchzulesen und in ihrer Farbe zu kommentieren. Es empfiehlt sich, dass die Schüler dafür jeweils den Platz des anderen einnehmen. Ist dies aus Platzgründen schwer umzusetzen, kann auch die Schreibvorlage gedreht werden. Diese Phase sollte immer noch stumm geschehen. Haben die Schüler/innen Fragen an ihre Gruppenmitglieder, notieren sie einfach ein kleines Fragezeichen an den Rand des Geschriebenen.

Erst in einer nächsten, offenen Runde darf diskutiert werden. Nun tauschen sich die Kleingruppen aus und einigen sich in der Mitte der Kopiervorlage auf zehn gemeinsame Regeln.

Im Anschluss daran einigt sich die gesamte Lerngruppe auf zehn gemeinsame Regeln.

Notieren Sie diese zuerst an der Tafel, auf dem Whiteboard oder auf eine Folie.

Danach werden sie auf Plakaten geschrieben und gut sichtbar im Klassensaal (oder im Schulhaus) ausgehängt. Eine Veröffentlichung auf der Schulhomepage, gekoppelt an eine (Zustimmungs-)Unterschriften-Sammlung ist für Schüler/innen ein Highlight.

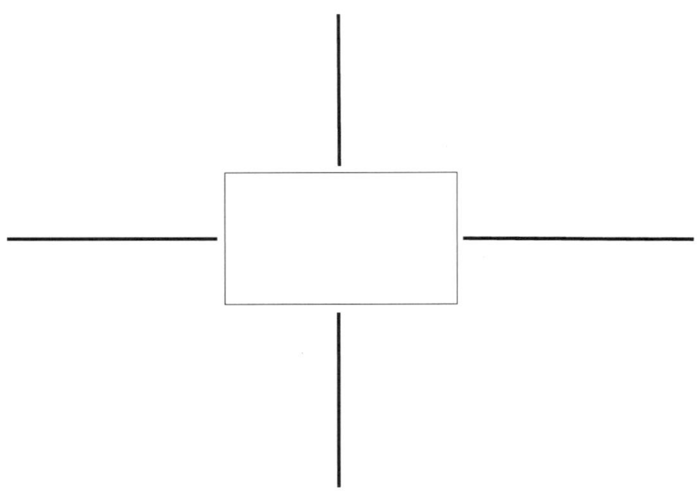

Ich teile alles mit euch!

MEIN ALTER-MEINE PIN-MEINE LIEBLINGSFARBE-MEINE ABENTEUER-MEINE NEUSTEN FOTOS-MEIN LIEBLINGSESSEN-MEINE TRAININGTERMINE-MEINE ADRESSE-DIE FOTOS MEINER OMA-FOTOS VON MIR AUFM KLO-FOTOS VON MIR AUFM BETT-FOTOS MIT KLEIDUNG-FOTOS MIT WENIG KLEIDUNG-FOTOS OHNE KLEIDUNG-PASSFOTOS-MUSIKVIDEOS-GERIPPTE FILME-FILME VON MEINEM HAUSTIER-MEINE HANDYNUMMER-MEINE SCHUHGRÖßE-WELCHE KINDERKRANKHEITEN ICH HATTE-KRANKHEITEN AN DENEN ICH LEIDE-WIE VIEL GELD ICH GESPART HABE-WO ICH MEIN GELD AUFBEWAHRE-WANN MEINE ELTERN AUS DEM HAUS SIND-LÄSTEREIEN ÜBER LEHRER-LÄSTEREIEN ÜBER FREUNDE UND FREUNDINNEN-LÄSTEREINEN ÜBER EX-IN WEN ICH VERLIEBT BIN-IN WEN ICH SCHON VERLIEBT WAR-WER MICH SEHR VERLETZT HAT-MIT WEM ICH ZUM ERSTEN MAL GEKÜSST HABE-WIE SCHÖN MEIN ERSTER KUSS WAR-MEIN KENNWORT BEIM ONLINESHOPPING-DASS ICH GERADE NASENBLUTEN HABE-MEIN LETZTES ZEUGNIS- MEINE TRÄUME-MEINE WÜNSCHE-MEINE ZIELE-MEINE LIEBE-MEINE-EROBERUNGEN-MEIN TRAUMBRUF-MEINE HEIMLICHEN GESANGSPROBEN-FOTOS MEINER UNTERWÄSCHE-AUF WELCHE SCHULE ICH GEHE-WAS ICH GERADE MACHE-MEINE LIEBLINGSSENDUNG IM TV-WEN ICH BEI DEN TOPMODELS AM BLÖDSTEN FINDE-WEN ICH BEI DEN TOPMPDELS AM GEILSTEN FINDE-VON WEM ICH NACHTS TRÄUME-MEINE SCHLECHTESTEN FÄCHER IN DER SCHULE-MEINE BESTEN NOTEN IN DER SCHULE-MEINE BESTEN TRAININGSLEISTUNGEN-DASS ICH NICHT SCHWIMMEN KANN-DASS ICH FÜNF KILO ZUGENOMMEN HABE- MEINE PICKELCREME-WOHIN ICH IN URLAUB FAHRE-WANN MEINE ELTERN UND ICH IN URLAUB SIND-WO DER SCHLÜSSEL ZUM SAFE IST-WO ES DIE BESTE PIZZA DER STADT GIBT-MEIN TRAUMAUTO-DASS MEINE ELTERN TOTAL PEINLICH SIND-DASS DIE ELTERN MEINES FREUNDES TOTAL PEINLICH SIND-DASS ICH AN GOTT GLAUBE-DASS ICH NICHT AN GOTT GLAUBE-WELCHE PARTEI ICH GUT FINDE-DIE HÖHE MEINES TASCHENGELDES-DER NAME MEINES KIEFERORTHOPÄDEN-DASS ICH GERADE DURCHFALL HABE-WANN ICH MIR DAS DAUMENLUTSCHEN ABGEWÖHNT HABE-IN WELCHEM KINOFILM ICH WAR-WELCHE KLEIDERGRÖßE ICH HABE-FOTOS VOM SCHÖNSTEN SONNENUNTERGANG-ORIGINALMITSCHNITTE AUS DEM DEUTSCHUNTERRICHT-AUSZÜGE AUS MEINEM TAGEBUCH-WANN ICH STURMFREI HABE UND NE PARTY MACHEN MÖCHTE-

Aufgabe:

- Womit hast du kein Problem, wenn andere es wissen?
- Was ist dir zu privat, um es mitzuteilen?
- Was sollten Lehrer, Chefs etc. nicht wissen?
- Was könnte gefährlich für deine Privatsphäre sein?
- Was solltest du nicht mitteilen, wenn du dich sicher im Netz bewegen möchtest?
- Male alles grün, was in Ordnung ist!
- Male alles rot, was nicht in Ordnung ist!
- Bei was bist du dir unsicher? Male es gelb!

KV 30

Leben ohne soziale Netzwerke

Aufgabe:

1. Stelle dir vor, es gäbe keine sozialen Netzwerke.
   Wann und wo würdest du dein soziales Netzwerk am meisten vermissen?
   Wähle maximal fünf Sprechblasen aus!

2. Diskutiert eure Entscheidungen!
   Könntest du noch ohne soziales Netzwerk leben?

vor der Schule

beim Hausaufgaben machen

im Urlaub

nachts

wenn ich Liebeskummer habe

auf Familienfeiern

auf der Toilette

an der Bushaltestelle

vor dem Einschlafen

wenn ich neue Fotos gemacht habe

am Wochenende

beim Essen

wenn ich Freunde treffen will

vor dem Fernseher

Anleitung für die Lehrkraft: Diskussion

5/6 7/8 9/10

Viele Klassen haben ihre eigenen Gruppen in einem sozialen Netzwerk und kommunizieren so außerhalb der Schule miteinander. Doch, was ist mit denen, die kein Smartphone haben, weil die Eltern es nicht erlauben oder denjenigen, die gar keines wollen? Fragen Sie direkt in ihrer Klasse nach!

- Diskutieren Sie darüber, wer für die Klassengruppe verantwortlich ist.
- Wie schafft es eine Klassengemeinschaft, eine tolerante Klassengruppe zu führen?
- Schaffen Sie einen Raum in der reellen Zeit, um über die Probleme innerhalb der digitalen Gruppe zu sprechen. Dabei hat sich die Einrichtung eines Klassenrats gut bewährt.
- Klären Sie: Wer erklärt sich dafür bereit, den Nicht-Mitgliedern der Klassengruppe über wichtige Neuigkeiten zu berichten?
- Erarbeiten Sie mit Ihren Schüler/innen klare Regeln für die Klassengruppe!
- Diskutieren Sie, welches Verhalten zu einem Ausschluss aus der Gruppe führt!

Geben Sie ihren Schüler/innen einen reellen Raum, um über die digitale Gruppe zu sprechen! Doch haben Sie Vertrauen zu Ihren Schüler/innen! Diese Gruppe ist ihre eigene Welt und ihr Raum, um sich ohne Erwachsene zu treffen!

KV 31

Du kommst hier nicht rein!

Für Fiona ist es nicht leicht. Sie versteht ihre Eltern. Diese haben ihre Prinzipien. Die hatten Sie schon immer. Und dazu gehört eben auch, dass Fiona ein eigenes Smartphone erst mit 13 bekommen wird. Wenn sie ehrlich ist, dann vermisst sie es gar nicht. Sie macht viel Sport, spielt in einer neugegründeten Band und hat jede Menge Freunde, mit denen sie sich verabredet. Doch seit es diese Klassengruppe gibt, fühlt sie sich immer wieder von allen Dingen ausgeschlossen. Es ist nicht einfach, sich zu verabreden, wenn alle anderen das über diese Gruppe machen. Bei internen Abstimmungen wird sie nicht gefragt. Viele Geheimnisse, coole Neuigkeiten oder auch den ein oder anderen Streit bekommt sie einfach nicht mit. Sie weiß, dass ihre Freunde sie mögen, akzeptieren und auch Verständnis dafür haben. Doch wie lange wird dies gut gehen? Wird sie nicht zur Außenseiterin? Ihre Klassenkameraden haben ihr versprochen, dass es nicht so sein wird. Sie wollen dafür sogar einen Vertrag formulieren. Fiona ist zuversichtlich …

Aufgabe:

1. Wie könnte dieser Vertrag lauten? Formuliere in Einzelarbeit fünf Regeln!

2. Diskutiert über die Situation in eurer Klasse.
   - Habt ihr eine Klassengruppe?
   - Gibt es Klassenkameraden, die nicht in dieser Gruppe sind?

3. Formuliert Regeln für eure Klassengruppe.
   Beachtet dabei folgende Fragen:
   - Wer ist für die Klassengruppe verantwortlich?
   - Wie schafft es eine Klassengemeinschaft, eine tolerante Klassengruppe zu führen?
   - Wer erklärt sich bereit, die Nicht – Mitglieder der Klassengruppe über wichtige Neuigkeiten zu informieren?
   - Welches Verhalten führt zu einem Ausschluss aus der Gruppe!

Die Profil-Seite meines Lebens

Ich bin

Ich wünsche mir

Wichtig ist mir

Glücklich macht mich

Wütend macht mich

Traurig bin ich

Ich freue mich, wenn

Besonders toll an mir ist

Ich hasse an mir

In meinem Leben möchte ich

In Zukunft möchte ich

Es wäre besser, wenn ich

Mein schlimmstes Erlebnis

Mein wichtigster Mensch

Ich träume von

Auf keinen Fall möchte ich

Ich mache mir große Sorgen

Mein schönstes Erlebnis

Ich habe mich damit abgefunden

Aufgabe:

Erzähle etwas über dich. In der anschließenden Diskussion kannst du selbst bestimmen, was du erzählen willst oder was du für dich behalten willst!

Du musst es nicht teilen! Es muss keiner liken!

KV 33

Die Profil-Seite meines Lebens – Die zehn wichtigsten Dinge meines Lebens

1.

2.

3.

4.

5.

6.

7.

8.

9.

10.

Sind es einzelne Wörter oder ganze Sätze?
Sind es Personen, Gegenstände oder einfach Träume?
Notiere sie hier! In der anschließenden Diskussion kannst du selbst bestimmen,
was du erzählen willst oder was du für dich behalten willst!
Du musst es nicht teilen! Es muss keiner liken!

KV 34

Du bist dein größter Feind!

Aufgabe:

1. Stelle dir vor, du wärst dein größter Feind! Was könntest du Böses tun mit deinem eigenen Profil? Untersuche es kritisch!
2. Was könnten andere mit deinem Profil tun, wenn sie dir schaden wollten?

3. Versetze dich – im Rollenspiel – in die Rolle
   - deines schlimmsten Feindes/deiner schlimmsten Feindin
   - deiner Mitschüler/innen
   - deines Lehrer/deiner Lehrerin
   - deines zukünftigen Chefs
   - deines Trainers
   - deines Ex-Freundes/deiner Ex-Freundin

Das Internet vergisst nichts!

4. Gibt es Dinge, die du besser nicht posten solltest?
5. Sammle für jede Rolle ein Beispiel, was dir schaden könnte, wenn diese Person davon erfährt!

6. Tauscht euch in Kleingruppen aus!

7. Besprecht eure Ergebnisse in der Klasse!

Digitaler Wert

Facebook bezahlte 19 Milliarden Dollar für Whats App.

Das sind in Zahlen:

19 000 000 000 $

Das bedeutet, für jeden einzelnen User bezahlte Facebook 39 €!

DU BIST WERTVOLL!

**VERKAUFE
DEIN DIGITALES ICH
NICHT
UNTER DEINEM EIGENEN WERT!**

Aufgabe:

1. Notiere dir, worauf du in Zukunft achten musst,
   um dich selbst digital nicht unter deinem Wert zu verkaufen!

2. Überprüfe:
   - dein Profil
   - deine Fotos
   - deine Postings
   - deine Messages
   - deine Likes

3. Diskutiert in der Klasse:
   Worauf sollte man achten, um sich nicht unter seinem Wert zu verkaufen?

Social Network

Social Network

Geburtstag: Sag ich nicht!
Beziehung: kompliziert
Arbeitsstelle: noch keine
Ausbildung: Puh! Geschafft!
Hobbies: faulenzen, Partys

Name: Lisa Schmitt
Spitzname: Party-Lisa

Hey, Lisa! War mal wieder ´ne geile Feierei gestern! ✓✓

Würde dich gern wiedersehen! ✓✓

Wo warst du? Auf dich kann man sich einfach nicht verlassen!! ✓✓

Zu geil, wie du die Chantal gestern fertig gemacht hast! LOL! ✓✓

Bin zurzeit am Baggersee! ✓✓

Das hat sich Lisa in den letzten 48 Stunden angesehen:
Tipps zum Abnehmen, Promille-Rechner, High Heels, Bikinis, Hausaufgaben.de, sportwetten.de, ...

Gefällt mir • Kommentieren • Teilen

KV 36b

Aufgabe zum Beispiel-Profil:

Lisa hat bei ihren Einstellungen geklickt, dass alle User ihr Profil sehen können.

1. Überlege in Einzelarbeit:
   - Was ist in Ordnung?
   - Was ist nicht in Ordnung?
   - Was dürfen andere wissen?
   - Was könnte ein anderer mit ihren Daten machen?
   - Wie könnte der Personalchef einer Firma, bei der Lisa sich gerade beworben hat, reagieren?
2. Diskutiert in Kleingruppen über eure Ergebnisse?
3. Seid ihr gleicher Meinung? Diskutiert in der Klasse!

Stell dir vor, dein Profil wird an die Hauswand der Schule projiziert.

Was sollte **unbedingt** gezeigt werden?	Was sollte **auf keinen Fall** gezeigt werden?

Aufgabe:

Auf was müsst ihr selbst achten, wenn ihr euch in sozialen Netzwerken präsentiert?

Überprüfe nun die Einstellungen deines Sozialen Netzwerkes!

- Wie viele User können dein Profil lesen?
- Wie viele digitale Freunde hast du?
- Wie viele Mitschüler/innen sind dabei?
- Gibt es Dinge, die du an die Hauswand der Schule nicht gepostet hättest?
- Diskutiere mit deinem Tischnachbarn! Geht es ihm/ihr genauso? Warum? Welche Dinge sollte man nicht posten?

KV 37

Fotos von dir im Internet

1. Stelle dir vor, jemand anderes veröffentlicht ein peinliches Foto/Video von dir!
   - Was wäre dir persönlich am peinlichsten?
   - Was würdest du am liebsten mit demjenigen machen?

2. Recherchiere:
   - Welche Rechte hast du am eigenen Bild?
   - Welche Folgen hat es, ungewollt ein Bild zu verbreiten?

3. Diskutiert eure Ergebnisse in der Klasse!

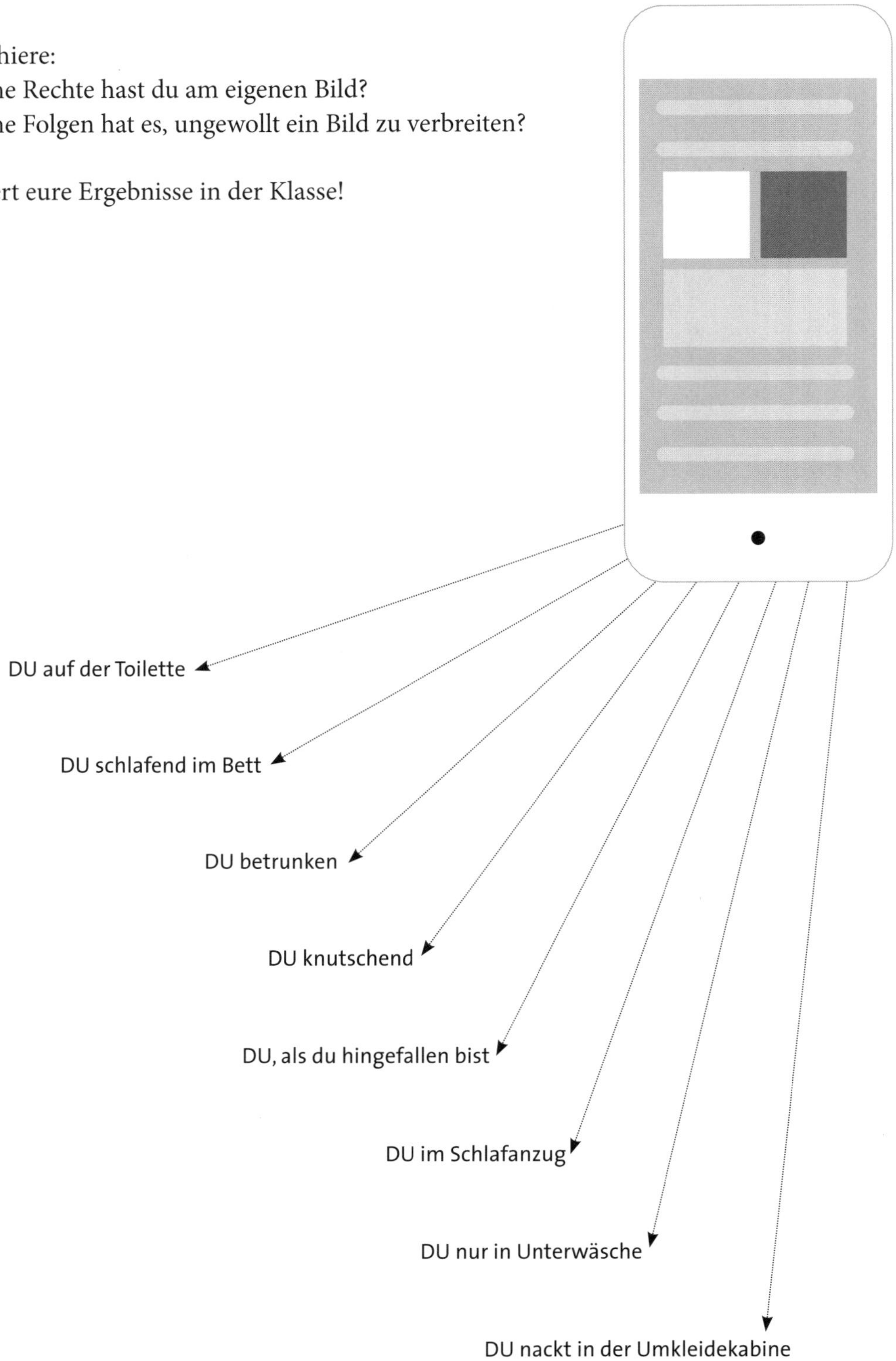

KV 38

Postings

Esse gerade Spaghetti mit Tomatensoße – lecker!

Wir haben uns geküsst!

Wir haben morgen nach der 5. frei!

Puh! Nagellack von den Fußnägeln zu bekommen ist anstrengend!

Habe Durchfall!

Kann mir jemand bei der Mathe-Hausaufgabe helfen?

Diese Tussi bei DSDS sieht so kacke aus!

Die Chantalle ist eine dumme Kuh!

Bin gerade mit meinen Eltern im Supermarkt!

Wie schön dieser Sonnenuntergang!

Hab' heute Abend ein Date mit Niklas!

Juhuu, ich fahr' in Urlaub!

Die Entscheidung der Bundesregierung finde ich bedenklich!

Frau Meier hat heute total genervt!

Schneefrei!

Das Training findet heute draußen statt!

Ich bin verliebt!

Habe einen riesen Pickel – igitt!

Aufgabe:

Diskutiert in Kleingruppen:

- Was ist in Ordnung?
- Was ist nicht in Ordnung?
- Was ist peinlich?
- Was ist reine Zeitverschwendung?
- Willst du das überhaupt wissen?

Kommunikative Hemmschwellen

Studie: SMS und E-Mail bauen Hemmschwelle ab

Neustadt ■ Eine Umfrage an einer Schule ergab, dass immer mehr Schüler unangenehme Mitteilungen lieber per SMS oder Mail mitteilen. Einige gaben dabei an, sogar schon einmal per SMS Schluss gemacht zu haben. Viele würden es hier mit der Wahrheit nicht ganz so ernst nehmen und, um Streitereien aus dem Weg zu gehen, öfter zu Notlügen greifen.

Dabei folgen diese Schüler laut dpa einem Trend, den eine Untersuchung der Marktforschungsfirma Ipsos bestätigt. Danach teilen ein Viertel der Deutschen unangenehme Mitteilungen lieber elektronisch mit. Deutschland liegt dabei noch unter dem weltweiten Durchschnitt, der bei 43 Prozent liegt. In China gaben sogar 90 Prozent der Befragten an, schlechte Nachrichten lieber per SMS oder Mail mitzuteilen.

Die Neustädter Schüler erklärten, es würde ihnen leichter fallen, ihre persönliche Hemmschwelle sei auf digitalem Weg nicht so hoch.

Aufgabe:

1. Notiere jeweils drei Beispiele zu folgenden Fragen:
   - Gibt es Dinge, die du lieber online mitteilst?
   - Gibt es Dinge, die du niemals online mitteilen würdest?
   - Hast du schon einmal nette Dinge geschrieben, die du jemandem niemals so ins Gesicht gesagt hättest?
   - Hast du schon einmal böse Dinge geschrieben, die du jemandem so niemals ins Gesicht gesagt hättest?
2. Diskutiert eure Ergebnisse in Kleingruppen.
3. Diskutiert in der Lerngruppe:
   Warum sinkt eurer Meinung nach die Hemmschwelle bei Menschen, wenn sie über das Internet kommunizieren?
   Tauscht euch über eure Ergebnisse aus!

Adolph Franz Friedrich Ludwig Freiherr von Knigge

* 16. Oktober 1752 † 6. Mai 1796

»Knigge war ein deutscher Schriftsteller und Aufklärer. Er wurde vor allem bekannt durch seine Schrift ›Über den Umgang mit Menschen‹. Sein Name steht heute stellvertretend, aber irrtümlich, für Benimmratgeber, die mit Knigges eher soziologisch ausgerichtetem Werk im Sinne der Aufklärung nichts gemein haben.«

Quelle: Wikipedia[1]

Der Knigge für soziale Netzwerke

Aufgabe:

1. Arbeitet in Partnerarbeit!
2. Verfasst zehn Regeln, wie man sich in sozialen Netzwerken verhalten sollte!
3. Stellt euch in Kleingruppen eure Ergebnisse vor!
4. Sammelt als Klasse eure Ergebnisse an der Tafel!
5. Verfasst einen »Knigge für soziale Netzwerke«!
6. Gestaltet gemeinsam ein Plakat dazu!

Netiquette

»Netiquette« ist ein Kunstwort, das sich zusammensetzt

aus dem englischen Wort	net =	Netz und
dem französischen Wort	etiquette =	Verhaltensregeln

Unter Netiquette versteht man das angemessene und respektvolle Verhalten in der elektronischen Kommunikation. Die wichtigste Regel der Netiquette lautet:
»Vergiss niemals, dass auf der anderen Seite ein Mensch sitzt!«

Aufgabe:

1. Was ist dir als Mensch auf der anderen Seite wichtig? Überlege dir fünf Dinge, die man beachten sollte!
2. Vergleicht eure Ergebnisse in der Lerngruppe!
3. Recherchiert im Internet:
   - Welche grundlegenden Regeln gelten laut Netiquette?
   - Bildet Gruppen, die sich mit folgenden Themen beschäftigen: Zwischenmenschliches, Technik, Lesbarkeit, Sicherheit, Rechtliches
4. Präsentiert eure Ergebnisse im Plenum!
5. Diskutiert: Waren euch diese Regeln bekannt? Warum? Haltet ihr euch immer daran?

1 Nicht selten ist Wikipedia als Quellenangabe berechtigterweise nicht zulässig. An dieser Stelle bietet sich diese Angabe jedoch thematisch an.

Welche Beleidigung ist für dich am schlimmsten?

☐ Du bist behindert!

☐ Du Arschloch!

☐ Du Opfer!

☐ Du bist schwul!

☐ Du bist dumm!

☐ Hurensohn!

☐ Schlampe!

☐ Deine Mutter ist dumm wie Brot!

☐ ______________________________

☐ ______________________________

☐ ______________________________

Aufgabe:

1. Füge drei eigene Beleidigungen hinzu, die du besonders schlimm findest! Dabei ist es egal, ob du sie selbst schon einmal verwendet hast oder damit verletzt wurdest.
2. Erstelle nun eine eigene Reihenfolge! Welche Beleidigung ist für dich am schlimmsten? Male das Kästchen schwarz an! Lasse die Schrift lesbar frei. Erstelle eine eigene Bewertungsskala und wähle deine Farben:
   von dunkel = besonders schlimm
   zu hell = weniger schlimm
   Die Beleidigung, die du am wenigsten schlimm findest, malst du gelb aus!
3. Vergleicht eure Ergebnisse im Museumsgang und diskutiert über eure Meinungen!

Du bist Alex!

Alex stinkt nach Schweiß!

Nummer	Diese Aussage über dich wird ...
	bei einem Gespräch unter Mitschüler/innen deiner Parallelklasse verbreitet.
	an die Tafel eures Klassenzimmers geschrieben.
	an die Hauswand der Schule gesprüht.
	in einem sozialen Netzwerk gepostet.
	in der Zeitung veröffentlicht.
	im Radio gesagt.
	in einem TV-Werbespot gesagt.

Aufgabe:

1. Wo wäre für dich diese Aussage am schlimmsten?
   Erstelle eine Rangliste und verteile Nummern:
   1 = am schlimmsten bis 7 = am wenigsten schlimm
2. Vergleicht eure Ergebnisse in einem Museumsgang und diskutiert anschließend in der Klasse.

Anleitung für die Lehrkraft: Analyse

5/6 7/8 9/10

Cybermobbing ist ein großes Problem an deutschen Schulen. Bleiben Sie als Lehrer/in wachsam und haben Sie ein offenes Ohr für die Belange Ihrer Schüler/innen. Die hier dargestellten Arbeitsanregungen und Kopiervorlagen sind Präventionsideen. Falls Sie in Ihrer Klasse ein Cybermobbing-Problem haben, wenden Sie sich bitte an die Beratungsstellen in ihrer Region. Hilfreiche Internet-Adressen finden Sie im Service-Teil dieses Buches.

Komponentenanalyse

Schreiben Sie folgende Gefühle auf Wortkarten und hängen Sie sie mit Kreppband an der Tafel (evtl. auch überall verteilt im Klassensaal) auf:

traurig	unverstanden
glücklich	enttäuscht
froh	unsicher
wütend	ängstlich
verzweifelt	sicher
aufgeregt	erhaben
sauer	haltlos
voller Erwartungen	uncool
gespannt	ungeliebt
allein	(…)

Stellen Sie einen leeren Stuhl vor die Tafel. Im besten Fall schieben Sie ihr Pult beiseite, um eine Art Bühne vor der Klasse zu erhalten. Erklären Sie nun ihren Schüler/innen:

»Stellt euch vor, auf diesem leeren Stuhl sitzt die Hauptperson unserer Geschichte. Wie fühlt sie sich in genau dieser Situation, die wir gerade gelesen haben? Ihr findet im Raum verteilt verschiedene Gefühle. Bitte überlegt nun: Wie nah oder wie fern sind unserer Person die jeweiligen Gefühle? Dann wählt ihr euch ein Gefühl aus! Überlegt nun, wie nah oder wie fern ist der Person genau dieses Gefühl?«

Nun zeigen Sie an einem Beispiel, passend zu ihrer Person (hier am Beispiel »Aschenputtel«): »Als Aschenputtel erfährt, dass sie nicht zum Ball darf, ist sie sehr traurig. Dieses Gefühl ist ihr sehr nah.« Deshalb stellen Sie sich ganz nah an den leeren Stuhl.

»Aschenputtel ist überhaupt nicht glücklich. Dieses Gefühl ist ihr absolut fern.« Sie stellen sich möglichst weit entfernt vom Stuhl auf, jedoch immer noch auf der Bühne.

Ist ihre Klasse szenisch geübt, so können Sie für das jeweilige Gefühl ein »Freeze« erwarten.

Nun gehen die Schüler/innen einzeln nach vorne, holen sich das jeweilige Gefühl, finden ihren Standpunkt zum Stuhl und erklären in einem Satz, warum sich die Person so fühlt. Der Stuhl bleibt stets frei. Alle Schüler/innen bleiben an ihrem Platz fest stehen. Erst wenn alle Gefühle verteilt sind, ist das Publikum gefragt. Dieses diskutiert nun, ob die Gefühle richtig stehen.

Nun geht es an Feinheiten. Durch die Visualisierung wird den Schüler/innen einiges bewusster und sie beginnen, darüber zu diskutieren. So entstehen beispielsweise Aussagen, wie: »Nein, Aschenputtel ist nicht ganz so verzweifelt, wie dargestellt, da sie schließlich später noch den Mut hat, zum Ball zu gehen ...« Oder auch: »Wenn ich Aschenputtel wäre, dann würde ich mich sicherlich trotzdem stolz fühlen. Also muss dieses Gefühl viel näher an dem Stuhl stehen.«

Vorteile dieser Methode

- Schüler/innen lernen, Gefühle zu verbalisieren. Oftmals können Schüler/innen ihre eigenen Gefühle nur mit »gut« oder »schlecht« beschreiben.
- Schüler/innen lernen Perspektivenwechsel. Sie lernen dadurch, sich in andere hineinzuversetzen.
- Schüler/innen lernen durch den Austausch und die Diskussion über eine Beispielperson auch ihre Mitschüler/innen kennen. Sie erfahren, dass jeder eine Situation unterschiedlich wahrnimmt und beurteilt.
- Schüler/innen müssen nicht über sich selbst sprechen. Durch die Abgrenzung und Diskussion über eine Beispielperson lernen sie sich selbst und ihre Mitschüler/innen einzuschätzen, ohne dabei zu verletzen oder verletzt zu werden.

Wie fühlt sich das Opfer?

Erarbeitung eines Klassenvertrags
(auch geeignet zur Weiterarbeit nach der Komponentenanalyse)

1. Wie fühlt sich die Person? Notiere fünf Stichpunkte!
2. Wie hätte man die jetzige Situation vermeiden können?
3. An welchem Punkt wäre ein Aufhalten noch möglich gewesen?
   Besprecht eure Ergebnisse in Partnerarbeit!
4. Stellt in einer Kleingruppe Regeln auf, wie ihr euch im sozialen Netzwerk verhalten wollt, damit ein Vorfall dieser Art nicht passiert!
5. Präsentiert eure Ergebnisse in einer Stafettenpräsentation!
6. Erarbeitet gemeinsam einen Klassenvertrag! Darin sollte auch enthalten sein, wie ihr reagiert, sobald ihr einen Cybermobbing-Vorfall beobachtet! Wer nichts dagegen unternimmt, macht sich zum Mittäter!

Wie reagiert man auf Cybermobbing?

Erarbeitung eines Verhaltensvertrags

- Skizziere in Einzelarbeit die einzelnen Stationen des Mobbingangriffs! Schreibe sie in Stichpunkten auf.
- Vergleiche in Partnerarbeit und überlegt gemeinsam, wie man in den einzelnen Situationen als unbeteiligter Beobachter reagieren könnte, um dem Mobbingopfer zu helfen.

- Besprecht eure Ergebnisse in Kleingruppen.
- Diskutiert: Warum hat keiner der Beobachter geholfen?
- Informiert euch im Internet (z. B. Klicksafe.de), welche Konsequenzen folgen können.
- Erarbeitet einen Verhaltensvertrag mit dem Titel »Wer mitlacht ist Täter!«
- Erarbeitet in Kleingruppen fünf Regeln und präsentiert sie in einer Stafettenpräsentation.

- Einigt euch im Plenum auf einen gemeinsamen Vertrag!
- Gestaltet diesen Vertrag so, dass er im Schulhaus präsentiert werden kann!
- Besonders toll ist es, diesen Verhaltensvertrag auf der schuleigenen Homepage zu veröffentlichen oder als Podcast hochzuladen.

Stafettenpräsentation

1. Die Schüler/innen arbeiten in Kleingruppen.
2. Sie notieren ihre Ergebnisse auf einzelne Wortkarten.
3. Nacheinander stellt immer ein Vertreter einer Gruppe ein Ergebnis vor: zuerst Gruppe 1 ein Ergebnis, dann Gruppe 2 etc.
4. Nach einer Runde stellt die erste Gruppe ihr zweites Ergebnis vor, dann erneut die zweite Gruppe usw., bis alle Gruppen alle Ergebnisse präsentiert haben. Dabei sind Mehrfachnennungen durchaus gewünscht.
5. Die Schüler/innen sollten darauf achten, dass sie die Ergebnisse, die verwandt sind, zueinander hängen. So erkennt man die Übereinstimmung und Wichtigkeit einzelner Ergebnisse.
6. Die Stafettenpräsentation bietet Ihnen die Möglichkeit, dieses Thema aus dem Alltag eines Schülers in einer aufgelockerten Art und Weise zu sammeln und nebenbei eine neue Präsentationsform einzuüben.

Anleitung für die Lehkraft: Schreibgespräch zum Thema Cybermobbing

Schreiben Sie auf große Plakate (sehr gut geeignet sind die Rückseiten der Blätter von Schreibtischunterlagen) folgende Überschriften:

- Eltern
- Mitschüler/innen
- Freunde
- Lehrer/innen
- Polizei
- soziales Netzwerk

Legen Sie die Plakate auf Tischen aus, sodass sie von allen Seiten zu erreichen sind. Erzählen Sie ihren Schüler/innen folgende Situation:

»Auf *Whatsapp* wurde eine Hass-Gruppe gegründet. Sie heißt ›HässlichLeon‹. Keiner weiß mehr, wer damit angefangen hat, auf dieser Seite über Leon zu lästern, Bilder oder kleine Videos zu posten. Auf einmal hatte diese Seite ganz viele Mitglieder. Viele davon beteuern nun, sie wollten eigentlich gar nicht in dieser Gruppe sein. Was kann man nun tun? Wie können die hier genannten Personengruppen reagieren?

Bilden Sie Kleingruppen. Sie können die Zusammensetzung dem Zufall überlassen oder gezielt steuern. Beim Schreibgespräch unterhalten sich die Schüler/innen nonverbal; nur über das Schreiben auf den einzelnen Plakaten. Geben Sie jeder Gruppe fünf Minuten pro Plakat Zeit. Dann wandern die Schüler/innen nach einem akustischen Signal im Uhrzeigersinn ein Plakat weiter, bis alle Schüler/innen sich auf den Plakaten unterhalten haben. Anschließend dürfen sich alle Schüler/innen frei bewegen und sich laut über die Ergebnisse unterhalten. Abschließend setzen sich die Schüler/innen auf ihren Platz zurück oder in einen Sitzkreis und diskutieren gemeinsam über die Ergebnisse. Dabei wird auch wieder jedes Plakat einzeln angesprochen.

KV 43

Mindmap Cybermobbing

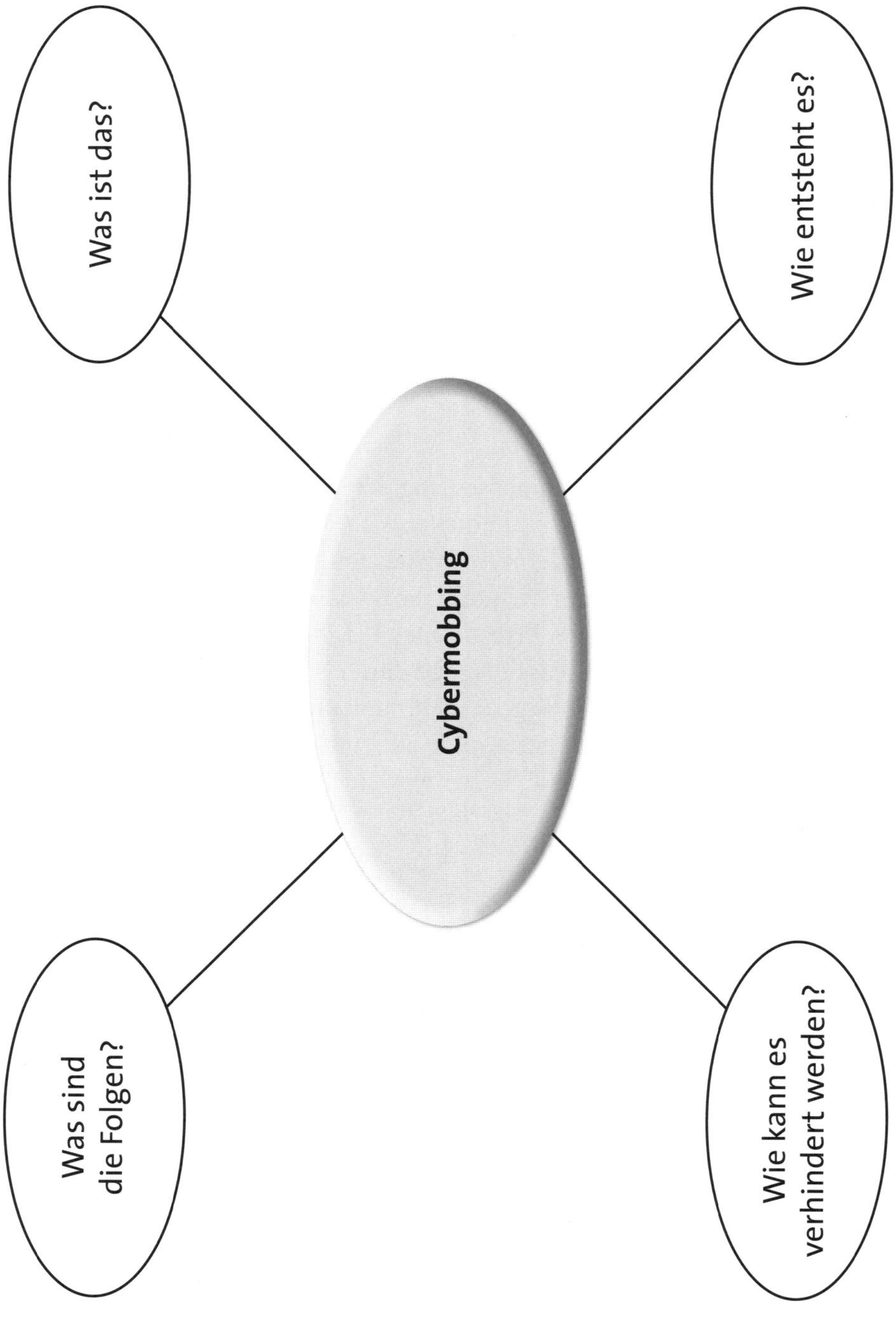

Aufgabe:

1. Gestaltet in Partnerarbeit eine Mindmap zum Thema Cybermobbing!
2. Vergleicht eure Ergebnisse!

Leon weiß nicht mehr weiter

Eigentlich war doch immer alles in Ordnung. Leon weiß selbst nicht, wie das auf einmal passieren konnte. Seine Kumpels kennt er schon ewig. Seit der Grundschule sind sie alle befreundet. Außerdem spielen sie alle in der gleichen Fußballmannschaft.

Und nun das!

Naja, wenn er ehrlich ist, dann hat er manchmal die Klappe schon ganz schön aufgemacht. Er wollte stets der Coole sein. Seine Eltern haben ihn darin unterstützt. Er hatte grundsätzlich die neusten Schuhe und die coolsten Klamotten. Als Erster durfte er ein Smartphone haben – und das war natürlich auch das allerneueste. Seine Kumpels fanden das doch immer super. Er war beliebt. Vor allem bei den Mädels.

Das alles ist nur passiert, weil dieser Neue, Yannick, in seine Klasse kam. Alle fanden ihn auf einmal gut. Und er war nur noch die Nummer zwei. Da schmiedete er den Plan. Er konnte Yannick schließlich nicht einfach so sein Siegertreppchen überlassen. Also machte er das Foto von ihm in der Umkleidekabine – und stellte es auf ihre Klassenseite.

Oh, Mann! Der Schuss ging total nach hinten los. Seitdem ist er der Arsch der Klasse. Täglich werden im sozialen Netzwerk üble Gerüchte über ihn verbreitet. Er sei schwul. Er hätte letztens in der Schule in die Hosen gemacht. Er habe geheult, als sie beim Fußball verloren hatten. Und nun gründeten sie eine Hassseite: »Leon-Hässlich«.

Natürlich schießt er ständig zurück. So etwas lässt er sich ja wohl nicht bieten. Doch langsam geht ihm die Puste aus. Er kann nicht mehr, und er will auch nicht mehr. Wo soll das denn noch hinführen? Seinen Eltern kann er davon nichts erzählen. Sein Vater würde ihn wahrscheinlich noch schimpfen, wie so etwas nur passieren konnte. Seine Klassenlehrerin hat null Einfluss. Was soll er denn nur tun?

KV 45

Leonie weiß nicht mehr weiter

So richtig wohl gefühlt hat sich Leonie noch nie in ihrer neuen Klasse. Seit zwei Jahren sind sie nun hier. Warum musste ihr Vater auch unbedingt diesen neuen Job annehmen. Ihre Mama war auch dagegen gewesen. Sie fühlt sich hier auch nicht wohl, darum haben ihre Eltern auch ständig Streit. Und das ist auch der Grund, warum sie ihnen besser nichts von den Vorfällen in ihrer Klasse erzählen möchte.

Am Anfang war es noch recht harmlos. Teilweise musste sie selbst darüber lachen. Da standen zum Beispiel Dinge an der Tafel: »Achtung, Leonies Rucksack explodiert gleich!« Sie musste selbst zugeben, dass die Farbe ihres Rucksacks scheußlich war … Auch als sie ihren Rucksack ausleerten und alles im Saal verstreuten, eben so, als sei er explodiert, lachte sie noch mit. Auch wenn ihr dabei unheimlich peinlich war, dass sie die Tampons und das kleine Glücksschweinchen von ihrer Oma umherwarfen.

Doch dann fing alles online an. Jeden Tag auf's Neue wurden Dinge gepostet. Bilder von ihr, Lästereien, Lügen wurden verbreitet. Es war ein Wettbewerb entbrannt, wer die gemeinsten Dinge über sie sagen konnte. »Leonie sieht aus wie Scheiße!«, »Leonie ist zu blöd, um aus dem Bus zu winken!«

Jeden Tag kamen neue Dinge dazu. Doch jeden Tag musste Leonie auch morgens wieder aufstehen und zur Schule gehen. Da standen sie dann schon an der Bushaltestelle und tuschelten und kicherten und verstummten, sobald sie kam.

Nun hatten sie sogar eine eigene Seite gegründet: »Hässliche Leonie«. Sie möchte hier nicht mehr bleiben. Am liebsten möchte sie die Schule wechseln! Doch auch dort gibt es Schüler/innen, die in dieser Gruppe sind! Vielleicht könnte sie abhauen und wieder nach Hause ziehen. Dahin, wo sie sich wohlgefühlt hatte.

Aber auf der anderen Seite, warum muss sie wegziehen? Sie hat ja niemandem was Böses getan! Warum werden nicht die bestraft, die solche Dinge über sie schreiben?

Wer mitlacht ist Täter

Louis war schon immer der Beste in seiner Fußballmannschaft. Schon in der Bambini-Mannschaft war er so gut, dass er bei der F-Jugend und mehrmals sogar bei der E-Jugend mitkicken durfte. Er war der geborene Stürmer. Ohne größere Mühe konnte er Jungs, die einen Kopf größer waren, den Ball abnehmen und direkt zu einem Tor verwandeln. Sein Vater, der Trainer der Mannschaft, war mächtig stolz auf ihn und viele sprachen schon davon, dass er ein Ausnahmetalent war und ihm eine große Zukunft bevorstand. Doch über das, was nun passiert war, hatte er keine Kontrolle mehr.

Am letzten Wochenende, sie hatten gerade das Spiel gegen ihren größten Gegner gewonnen, (der Meisterschaft stand nun nichts mehr im Wege!) kamen mehrere Spieler der anderen Mannschaft in ihre Umkleidekabine. Louis war der einzige der noch unter der Dusche stand und die eiskalte Dusche genoss. Ohne große Vorwarnung kam ein anderer Spieler rein. Er hatte sein Smartphone in der Hand. Er entschuldigte sich kurz und ging wieder raus. Dabei muss dieses Foto entstanden sein.

Am nächsten Morgen hatte es schon jeder, den Louis kennt, auf seinem Display. Nach nur zwei Tagen war er zum Gespött der Schule geworden. Er ist verzweifelt! Was soll er nur machen? Warum hatte ihm keiner geholfen? Alle haben es weiter verschickt! Sogar seine Kumpels – die Verräter! Sein Kumpel Philipp erklärte ihm, er wollte damit nur den anderen sagen, sie sollten das auf keinen Fall weiterverschicken! So ein Schwachsinn!

Was kann er jetzt tun?

Cybermobbing ist ein großes Problem!

Immer wieder hört man, dass Jugendliche Hassseiten oder Hassgruppen gründen, um anderen zu schaden. Diese Menschen wenden also große Energie auf und betreiben einen großen Aufwand, um andere gezielt zu diffamieren. Warum nicht mal umgekehrt!

Gründet Lob-Seiten!

Gründet Danke-Seiten!

Eurer Fantasie ist dabei keine Grenze gesetzt!

Macht andere dadurch glücklich und die Welt ein klein wenig besser!

Aufgabe:

Sammelt mindestens drei Ideen, wie man mit einer Seite in eurem aktuellen sozialen Netzwerk die Welt ein bisschen besser machen kann!

Gewalt

Unter *Gewalt* versteht man die Anwendung von Zwang, um sich in einem Konflikt gegen den Widerstand eines anderen durchzusetzen. Man kann dabei unterscheiden zwischen

- physischer Gewalt, d. h., Zufügung von Schmerzen, Einschränkung der Bewegungsfreiheit
  und
- psychischer Gewalt, d. h., Drohung, Erpressung, Verbreitung von Lügen.

Darüber hinaus kann man zwischen offener und verdeckter Gewalt unterscheiden.

Aufgabe:

1. Erkläre die Definition von Gewalt in eigenen Worten.
2. Findet in Partnerarbeit je drei konkrete Beispiele zu
   - physischer Gewalt
   - psychischer Gewalt
   - offener Gewalt
   - verdeckter Gewalt
3. Diskutiert in Kleingruppen die jeweiligen Folgen eurer Beispiele!
4. Diskutiert in der Klasse:
   Welche Art von Gewalt findet ihr am schlimmsten?

Anleitung für die Lehrkraft: Ranking

Lassen Sie die Schüler/innen einen Sitzkreis bilden. In die Mitte legen Sie der Länge nach einen langen, roten Faden. An das eine Ende legen Sie einen Zettel (DIN A4) mit der Aufschrift »Gewalt«, an das andere Ende »Keine Gewalt«.

9/10

GEWALT ———————————————— **KEINE GEWALT**

Verteilen sie an ihre Schüler/innen Wortkarten mit den folgenden Aufschriften:

- Lisa wird aus der Gruppenarbeit ausgeschlossen.
- Philipp sagt zu Sercan: »Du bist schwul!«
- Tobias zieht Ercan den Stuhl weg.
- Emilio wird nackt fotografiert; das Foto erscheint im Netz.
- Tom und Max gründen eine Netz-Gruppe »Hässlich Leon«.
- Sophie wird zu einer Hassseite eingeladen und sagt nichts.
- Ali soll Finn aus der Neunten zehn Euro geben, sonst gibt's Prügel.
- Lena und Liana lästern mittags über Lea im Netz.
- Lara wird von allen der Klassengruppe im Netz ignoriert.
- Tim wurde ein Happy Slapping-Opfer.
- An Julians Fahrrad wurden die Reifen zerstochen.
- Paul wurde von fremden Jugendlichen verprügelt.
- Jan veröffentlicht den Liebesbrief von Lia auf seinem Profil.
- Elisabeth wird nicht in die Klassengruppe aufgenommen.
- Die Zehntklässler stellen Emma jeden Morgen ein Bein.

Nun lesen die Schüler/innen nacheinander ihre Wortkarte vor und legen sie selbstständig auf dem roten Faden ab. Dabei soll ein Ranking entstehen. Erst wenn alle Wortkarten abgelegt wurden, soll über die Anordnung diskutiert werden. Dazu werden die Zettel immer auch bewegt. Die Lerngruppe diskutiert über ihre persönlichen Meinungen, welche Dinge für sie schlimmer, welche weniger schlimm sind.

Die goldene Regel

Jesus sagt:

Alles nun, was ihr wollt,
das euch die Leute tun sollen,
das tut ihnen auch.
(Matthäus 7, 12)

Aufgabe:

Diesen Bibelvers nennt man auch »Goldene Regel«.

1. Besprecht in Partnerarbeit, was euch spontan dazu einfällt!
2. Überlegt euch fünf Beispiele, die zu diesem Vers passen!
3. Überlegt euch fünf Beispiele, wie ihr in sozialen Netzwerken die goldene Regel einhalten könnt!
4. Ist es in der realen oder in der digitalen Welt leichter? Diskutiert!

Jesus' Spruch sorgt bis heute für Diskussionen. Viele denken, er hätte Folgendes gesagt: »Was du nicht willst, das man dir tu', das füg' auch keinem anderen zu« (Tobias 4,16). Wo liegt der Unterschied? Nennt ein Beispiel!

5. Welche Formulierung der goldenen Regel ist in der digitalen Welt schwieriger umzusetzen: die positive oder die negative? Diskutiert in der Klasse!

Anleitung für die Lehrkraft: Stationengespräch

7/8

9/10

Schreiben Sie die folgenden Impulse auf je ein DIN-A4-Blatt:
- Mit meiner Freundin möchte ich ein gemeinsames Profil haben. Darauf können wir dann alles posten, was wir tun. Und die Welt kann an unserem Glück teilhaben.
- Dank der neuen Technik kann ich auch einen festen Freund in den USA haben. Wir telefonieren via Internet!
- Es ist so toll, dass ich always on sein kann. Wenn ich nachts nicht schlafen kann, schreib' ich mit meinem Freund und die Welt ist wieder in Ordnung!
- Meine Oma meint, sie findet es schade, dass wir heute, dadurch dass wir immer erreichbar sind, keine Sehnsucht nach unserem Liebsten mehr verspüren.
- Ich möchte nicht ständig erreichbar sein. Zu viel Nähe macht die Liebe kaputt.
- Heute hat man es viel leichter, einen Partner zu finden, da es Internet-Kontaktbörsen gibt.
- Meine Cousine hat mit ihrem Freund per SMS Schluss gemacht.

Hängen Sie die Zettel mit genügend Abstand zueinander im Raum verteilt auf. Bilden Sie Gruppen, mit einer maximalen Stärke von drei bis vier Schüler/innen. Dabei können Sie per Zufall zusammenstellen oder gezielt auswählen, beispielsweise nach
- unterschiedlichen Meinungen, sodass ein reger Austausch stattfindet.
- oder auch nach kognitiven Leistungen, sodass immer mindestens ein leistungsstarker, eloquenter Schüler pro Gruppe vertreten ist.

Jede Gruppe stellt sich an je eine Station. Falls ihre Lerngruppe klein ist, entscheiden Sie selbst, welcher Impuls ihre Schüler/innen nicht betrifft.

An jeder Station tauschen sich die Gruppen drei Minuten aus. Nach einem akustischen Signal wandern sie zur nächsten Station, bis alle Impulse besprochen wurden.

Sobald jede Gruppe wieder an ihrer ersten Station steht, beginnt der Austausch in der gesamten Lerngruppe.

Jede Kleingruppe stellt ihren jeweiligen Impuls vor und berichtet in ein bis zwei Sätzen über ihre eigenen Ergebnisse. Die übrige Lerngruppe kann nun ergänzen.

Bitte stellen Sie als Lehrkraft klar, dass es dabei nur um einen Austausch und um ein Bewusstwerden der eigenen Einstellung geht. Es gibt kein »Richtig« oder »Falsch«.

Flash Mob – Smart Mob

»Der Begriff *Flashmob* (englisch: Flash mob; *flash* = Blitz; *mob* [von *mobilis* = beweglich] = aufgewiegelte Volksmenge, Pöbel) bezeichnet einen kurzen, scheinbar spontanen Menschenauflauf auf öffentlichen oder halböffentlichen Plätzen, bei denen sich die Teilnehmer persönlich nicht kennen und ungewöhnliche Dinge tun. Flashmobs gelten als spezielle Ausprägungsformen der virtuellen Gesellschaft (virtual community, Online-Community), die neue Medien wie Mobiltelefone und Internet benutzt, um kollektive direkte Aktionen zu organisieren.

Obwohl die Ursprungsidee unpolitisch war, gibt es mittlerweile auch als Flashmob bezeichnete Aktionen mit politischem oder wirtschaftlichem Hintergrund. **Für solche zielgerichtete Aktionen wird oft die Bezeichnung ›Smart Mob‹ verwendet.«**

Quelle: Wikipedia[1]

Aufgabe:

1. Sammelt Ideen für einen Smart Mob!
2. Euch fallen sicherlich einige Ideen für Smart Mobs ein, die ihr in eurem direkten Umfeld veranstalten könntet, um die Welt ein wenig besser zu machen!

1 Nicht selten ist Wikipedia als Quellenangabe berechtigterweise nicht zulässig. An dieser Stelle bietet sich diese Angabe jedoch thematisch an.

KV 51

Nomination

Anfang 2013 entstand auf Facebook ein tödliches Spiel: Neknomination. Jugendliche trinken eine Flasche Bier »auf ex« und filmen sich dabei. Als Zugabe nominieren sie dann einen Bekannten, ihnen das nachzumachen. Schnell werden recht waghalsige Inszenierungen verbreitet, etwa eine Flasche Bier im Handstand zu »exen« oder auf einem Geländer in extremer Höhe.

Dieses Spiel ist, ohne Frage, schwachsinnig und sehr gefährlich. Im Jahr 2013, als es erstmals auf *Facebook* auftauchte, gab es sogar zwei Todesfälle. In Großbritannien war der Hype auf das Spiel so groß, dass sogar die Regierung versuchte, es zu verbieten. *Facebook* verwies jedoch auf die Freiheit ihrer Nutzer/innen und duldet die Verbreitung der Videos weiterhin.

Aufgabe:

1. Wie ist eure Meinung dazu?
   Könnte man nicht auch ein Nominierungsspiel veranstalten, wodurch Gutes getan wird, wie z. B. bei der „Ice bucket challenge"?
   Informiere dich darüber!
   Finde mindestens fünf Beispiele.
2. Du hast sicherlich auch ausgefallene Ideen, die die Welt etwas besser machen können. Vielleicht sind es einfache Ideen, die ihr in eurer Schule, in eurer Nachbarschaft oder im Freundeskreis veranstalten könnt.
3. Vergleicht in der Klasse!
   - Welche Vorschläge waren die besten?
   - Welche sind am schwierigsten umzusetzen?
   - Welche könntet ihr ausprobieren und größere Schüler/innen eurer Schule dafür nominieren?

Spontane Aussage

WENN JEDER AN SICH SELBST DENKT,
IST AN ALLE GEDACHT!

Aufgabe:

1. Notiere, was dir spontan zu dieser Aussage einfällt!
2. Kann diese Theorie deiner Meinung nach funktionieren?
   Erkläre deine Meinung an einem Beispiel!

3. Welche Folgen hätte es für die Welt, wenn sich alle an diese Theorie hielten?
   Diskutiert in Partnerarbeit.

4. Gilt dies auch für die digitale Welt? Diskutiert in der Klasse!
5. Vergleicht diese Theorie mit der »Goldenen Regel«!

KV 53

Soziale Netzwerke und die »Allgemeinen Geschäftsbedingungen«

Aufgabe:

- Arbeitet in Gruppenarbeit.
- Wählt jeweils ein soziales Netzwerk.
- Gestaltet ein Plakat.
- Zeigt, wie sich in den letzten fünf Jahren die Bedingungen geändert haben!
- Welche Vorteile bietet euer soziales Netzwerk zurzeit?
- Welche Gefahren birgt es?
- Könnt ihr euer soziales Netzwerk weiterempfehlen?
- Übt eure Präsentation!

KV 54

Facebook

Wäre *Facebook* ein Land, so hätte es die meisten Einwohner der Erde. In dieser Welt kann sich jeder frei bewegen, sich alles und jeden anschauen, überall einkaufen gehen und Freunde treffen. Jeder kann seine Meinung frei äußern und auch mal über jemanden lästern. Doch alles, was wir tun, ist nachvollziehbar. Wir bewegen uns in diesem Land, als würden wir einen roten Faden hinter uns herziehen. Wir hinterlassen in diesem Land stets eine nachvollziehbare Spur!

Vergleicht man *Facebook* mit den größten Ländern dieser Welt, ist das sehr beeindruckend. Seit 2004 wuchs es zum Land mit den meisten, mündigen Einwohner/innen. Es hat also mehr lesende und schreibende Mitglieder als China oder Indien Einwohner hat. In diesem Land herrscht absolute Freiheit. Wir sind ständig für alle zu erreichen, können uns mit Freunden austauschen und frei bewegen.

Doch betrachten wir dieses Land genau, so fällt auf, dass wir bei allen Dingen, die wir in diesem Land tun – etwa, wenn wir uns unterhalten, mitteilen, Dinge beurteilen oder gar einkaufen – beobachtet werden (können). Wir hinterlassen unsere Spuren – und das nicht nur in unserer Chronik. Selbst bei den schärfsten Sicherheitseinstellungen und bei größter Achtung der eigenen Privatsphäre könnte der Chef dieses Landes diese Spur nachvollziehen.

Möchtest du das?

Aufgabe:

Möchtest du überhaupt diese Spur hinterlassen? Diskutiert in der Klasse!

4 Smartphones

4.1 Smartphones im Leben der Schüler/innen

99 Prozent der Mädchen und 94 Prozent der Jungen ab 12 Jahren besitzen ein eigenes Handy, und es wird immer alltäglicher, dass es ein Smartphone mit Internetzugang ist. Ein Smartphone bietet viele Möglichkeiten. Die Schüler/innen chatten, posten, surfen, spielen und vertreiben sich ihre Zeit. Gerade für Schüler/innen der Orientierungsstufe hat das Smartphone eine große Bedeutung in ihrem Leben. Nicht selten identifizieren sie sich über ihr Gerät. Mit zunehmendem Alter ist ein Leben ohne Smartphone kaum vorstellbar.

Im folgenden Kapitel sollen die Schüler/innen:

- sich über den Stellenwert des Smartphones in ihrem eigenen Leben bewusst werden.
- reflektieren, wie viel Zeit die Handynutzung in ihrem Alltag einnimmt.
- sich austauschen, ob sie sich ein Leben ohne Handy noch vorstellen könnten.
- bewusst für einen festen Zeitraum auf das Handy verzichten.
- überprüfen, inwieweit die Nutzung des Handys sinnvoll, gefährlich, schädlich oder reine Zeitverschwendung ist.
- bei der Handynutzung ihre orthografische Leistung reflektieren.

Ich-Botschaften

Beim Schreiben einer SMS entstehen oft Konflikte. Zumeist werden Sie durch Missverständnisse ausgelöst. Oftmals jedoch auch durch Äußerungen, die geschrieben anders aufgefasst werden, als in der gesprochenen Sprache. Dabei gibt es einen einfachen Trick, um dies zu verhindern:

Schreibe eine ICH-BOTSCHAFT!
Sobald Du deine eigenen Gefühle und Wünsche beschreibst, versteht dein Schreibpartner genau, was in dir vorgeht und kann darauf eingehen.

Beispiel:
Du bist sehr genervt von einem Klassenkameraden, da er sich ständig wichtigmacht, im Unterricht rein ruft und so alle anderen nicht zu Wort kommen. Nachmittags schreibst du ihm: »Du Schleimer!«. Dies löst einen heftigen Streit per SMS aus, der zu üblen Beleidigungen führt. Besser wäre gewesen, in einer ICH-Botschaft zu schreiben: »Ich fühle mich sehr gestört durch dein ständiges Reinrufen, da dadurch wir anderen überhaupt nicht zu Wort kommen und du den Unterricht störst.«

Merke:

Ich-Botschaften beschreiben deine Gefühle.
Sie begründen deine Wünsche.
Dein Gesprächspartner kann dadurch dein Anliegen leichter nachvollziehen und darauf reagieren.
Du verletzt damit nicht!
Du provozierst damit nicht!

Kurznachrichten

Aufgabe:

1. Wähle aus den folgenden Situationen zwei aus und schreibe je eine Ich-Botschaft als Kurznachricht (160 Zeichen):
   - Dein Kumpel gibt beim Fußball nie den Ball ab.
   - Deine Freundin ist zu dir immer unfreundlich, sobald andere dabei sind.
   - Deine Schwester klaut dir ständig Klamotten aus dem Kleiderschrank.
   - Ein Klassenkamerad hat dich bei einem Lehrer verpetzt.
   - Ein Mädchen deiner Klasse möchte ständig bei deiner Freundin und dir dabei stehen, obwohl ihr alleine sein wollt.
   - Ein Junge deiner Schule beleidigt dich immer wieder.
   - Eine Freundin benimmt sich deiner Meinung nach immer so kindisch auf dem Schulhof.
2. Tauscht euch in Partnerarbeit über eure Ergebnisse aus!

Fall-Nummer: ________

Fall-Nummer: ________

KV 57

Mein Smartphone und ich

A	N
B	O
C	P
D	Q
E	R
F	S
G	T
H	U
I	V
J	W
K	X
L	Y
M	Z

Finde zu jedem Anfangsbuchstaben ein Wort,
das dein Leben mit deinem Smartphone beschreibt!

Anleitung für die Lehrkraft: Gedichte-Werkstatt

5/6

Gerade in der Orientierungsstufe identifizieren sich Schüler/innen über den Besitz ihres Handys. Für viele ist es der größte Wunsch bzw. das wichtigste Statussymbol. Diejenigen, die keines haben, fühlen sich dadurch ausgeschlossen. Mit der folgenden Gedichte-Werkstatt können sich die Schüler/innen kreativ mit der Bedeutung dieses Mediums für ihr Leben auseinandersetzen. Kopieren Sie die Arbeitsaufträge auf buntes DIN-A4-Papier und verteilen Sie diese mit genügend Abstand im Raum. Besprechen Sie alle Gedichtformen mit den Schüler/innen und beantworten Sie eventuell Fragen. Entscheiden Sie individuell, je nach zur Verfügung stehender Zeit und Leistungsvermögen ihrer Lerngruppe:

- Sollen die Schüler/innen nur eine Gedichtform wählen oder mehrere?
- Entspricht die Auswahl dem Leistungsvermögen ihrer Lerngruppe oder sollten sie einige streichen?
- Gibt es Schüler/innen, die, obwohl es ein sehr individuelles Thema ist, Hilfe durch einen Partner benötigen?
- Werden die Ergebnisse präsentiert? Schriftlich oder mündlich?

KV 58a

Mein Smartphone und ich: Akrostichon

Bei einem *Akrostichon* schreibt man die Buchstaben eines Wortes untereinander und bildet aus den jeweiligen »Anfangsbuchstaben« Sätze, die zusammen zu einem Gedicht werden.

Aufgabe:

Bilde ein Akrostichon mit den Anfangsbuchstaben deines Namens zum Thema: »Mein Smartphone und ich«.

Beispiel:

A lways on
L ieblings-App
I mmer erreichbar sein
N ichts verpassen!
A lles im Griff!

KV 58b

Mein Smartphone und ich: Elfchen

Elfer-Gedichte oder *Elfchen* sind kleine Gedichte, die aus elf Wörtern bestehen. Diese elf Wörter verteilen sich auf fünf Zeilen:

Zeile eins: ein Wort
Zeile zwei: zwei Wörter
Zeile drei: drei Wörter
Zeile vier: vier Wörter
Zeile fünf: ein Wort

Aufgabe:

Schreibe ein eigenes Elfchen zum Thema »Mein Smartphone und ich«.

Beispiele:

Endlich
Immer erreichbar
Neu und cool
Hab ich das gebraucht?
Facebook

Mein Smartphone und ich: Wortbilder

Wortbilder sind Gedichte, in denen kurze Texte oder einzelne Wörter so aufgeschrieben wurden, dass sich ein Bild aus dem Text ergibt.

Aufgabe:

Gestalte ein Wortbild zum Thema »Mein Smartphone und ich«.

Beispiele:

RAKETE

HORIZONT

GRUBE

FALLSCHIRMSPRINGER

Mein Smartphone und ich: Rondell

Rondelle bestehen aus acht Zeilen (Versen). In der zweiten, vierten und siebten Zeile wiederholt sich immer derselbe Satz.

Aufgabe:

Schreibe ein eigenes Rondell zum Thema »Mein Smartphone und ich«. Du kannst dazu den Beispielsatz benutzen oder eigene Sätze erfinden.

Beispiel:

Mein Smartphone und ich

Endlich bekam ich dich zum Geburtstag.
Mein Smartphone und ich.
Endlich gehör' ich auch zu den Coolen.
Mein Smartphone und ich.
Kein kleines Handy mehr.
Endlich bin ich always on.
Mein Smartphone und ich.
Nun bin ich nie mehr allein!

Always on

Alexanders Tagesablauf ist der eines ganz normalen Jugendlichen im frühen 21. Jahrhundert: Sobald er aufwacht, geht sein Blick zuerst auf sein Handy, das ihn geweckt hat. Schon 108 Nachrichten – cool, er dreht sich nochmal auf die andere Seite und liest.

Seine Eltern sind schon auf der Arbeit. Er findet das gut, schließlich ist er schon 16 und hat so morgens seine Ruhe. Schnell ein paar Cornflakes in die Schüssel, Milch drauf und den PC an. Während er isst, kann er noch schnell in der Mediathek seine Lieblingssendung, die er gestern Abend verpasst hat, anschauen. Auf dem kurzen Fußweg zur Schule checkt er schnell, wer heute krank sein wird und wie es den anderen heute geht.

Während des Unterrichts muss das Handy aus sein, doch er hat es nur auf lautlos. Irgendwie hat er das Gefühl, er könnte etwas verpassen. Immer wieder erwischt er sich, dass er doch mal schnell heimlich draufschaut, obwohl er doch genau weiß, dass seine direkten Freunde auch gerade im Unterricht sitzen und das Handy nicht benutzen dürfen. Schon oft ist es vorgekommen, dass er sich einbildete, sein Handy hätte vibriert, obwohl er doch den Vibrationsmodus unterdrückt hat. In der Pause sitzen sie alle zusammen und hören Musik.

Richtig unterhalten sie sich nicht, dafür ist ja der Nachmittag da.

Wenn Alexander nach Hause kommt, schaltet er direkt den PC an. Erst dann zieht er seine Jacke aus. Umgekehrt hätte er das Gefühl, Zeit zu verlieren. Seine Mama ist schon da. Sie hat das Mittagessen vorbereitet. Natürlich ist sie wieder genervt, als er das Handy mit zum Tisch nimmt. Als er dann auch noch schnell ein Posting von Paul liked, gibt es richtig Stress. Er verzieht sich auf sein Zimmer und macht seine Hausaufgaben. Wenn er ehrlich ist, stört es ihn manchmal, dass er dabei immer online ist. Doch abschalten würde er nie. Manchmal hilft es ihm ja auch, die Hausaufgaben mit anderen zu besprechen, wobei das nicht so oft vorkommt. Nach den Hausaufgaben zockt er noch eine Runde »World of Warcraft« mit seinen Freunden. Er findet es toll, dass man zum Freunde treffen nicht vor die Haustür muss.

Abends geht er nie ohne Handy ins Bett. Er möchte es auch nachts nicht abschalten, noch nicht mal auf Flugmodus, wie das seine Mutter gerne hätte.

Und nun das:

Sein Zeugnis ist so schlecht, dass seine Eltern ihm den kompletten Internetzugang verbieten wollen. Sogar sein Handy soll er abgeben! Wie soll er noch leben? Er ist verzweifelt!

Aufgabe:

1. Wie sieht dein Tagesablauf aus?
2. Gibt es Dinge, die identisch sind? Markiere sie rot!
3. Welche Dinge sind komplett anders? Ergänze sie in zwei bis drei Sätzen!
4. Was denkt ihr über Alexanders Leben? Diskutiert darüber!
5. Wie sieht ein Leben ohne Internet-Zugang und ohne Smartphone aus?
6. Sammelt in Partnerarbeit fünf Dinge, die ihr euch ohne Smartphone nicht vorstellen könnt:
   - Wo würdet ihr euer Smartphone am meisten vermissen? Wo am wenigsten?
   - Wo würdet ihr das Internet am meisten vermissen? Wo am wenigsten?
7. Stellt euch eure Ergebnisse gegenseitig vor und diskutiert darüber!

KV 61

Wie benutze ich mein Handy?

Uhrzeit	Situation	Spaß	Langeweile	Wichtig

Lara und Lena

Lara und Lena sind seit vielen Jahren die besten Freundinnen. Sie kennen sich noch aus der Grundschule, und es verbindet sie viele schöne Erinnerungen. In der Klasse waren sie stets beliebt. Es ist eigentlich schwer, mit ihnen Streit zu bekommen. Doch in letzter Zeit merken sie, dass sich das ein wenig gewandelt hat. Viele in ihrer Klasse besitzen nun ein Smartphone und haben eine gemeinsame Gruppe gebildet.

Lara kostete es große Überredungskunst, dass sie sich auch ein Smartphone kaufen durfte. Ihre Eltern sind grundsätzlich dagegen. Nun hat sie es von ihrem eigenen Geld bezahlt und darf sich auch nur zu bestimmten Zeiten mit den anderen treffen. Sie war überglücklich, als sie es schaffte, ihre Eltern davon zu überzeugen, doch nun hänseln sie einige Mitschüler/innen, ihr Modell sei derart veraltet, dass es schon peinlich wäre, es rauszuholen. Also gehört sie nun, obwohl sie ein Smartphone besitzt und in der Gruppe ist, immer noch nicht richtig dazu!

Bei Lena ist es allerdings noch schlimmer: Ihre Eltern erlauben ihr noch nicht mal, ein Smartphone zu benutzen. Sie hat ein Kinderhandy, auf dem man fünf Nummern zum Anrufen im Notfall einprogrammieren kann. Sie schämt sich sehr. Doch was kann sie dafür, dass ihre Eltern ihr diese Dinge verbieten? Die beiden sind verzweifelt!

Sie würden doch so gerne auch dazu gehören!

Aufgabe:

Diskutiert in großer Runde:

1. Entscheidet euch für einen Satzanfang und vollendet den Satz:
   - Ich habe ein Problem mit Lena und Lara, weil …
   - Ich habe kein Problem mit Lena und Lara, weil …

2. Gibt es solche Probleme auch in eurer Klasse oder in eurem Freundeskreis?

3. Eine Klassenkameradin der beiden sagte einmal:
   »Ich bin so viel wert, wie das Handy, das ich besitze! Und ich besitze das teuerste!«
   Diskutiert darüber!

KV 63

Was soll Leon tun?

»Ich bin einfach zu dumm für die Schule!« schreit Leon seine Mutter an und rennt in sein Zimmer. Er ist verzweifelt. Warum hat er denn in Geschichte schon wieder eine Fünf geschrieben? Er hatte sich doch wirklich gut darauf vorbereitet. Eigentlich ist er doch ein fleißiger Schüler. Wenn er ehrlich ist, muss er zugeben, dass er auf die Hausaufgaben in der Regel keine Lust hat. Sie sind ihm einfach zu langweilig. Doch wenn man währenddessen online ist und noch mal schnell schauen kann, was die anderen so auf *Facebook* posten, dann ist das gar nicht so schlimm. Außerdem muss er sie sowieso meistens in der Küche machen, da auf seinem Schreibtisch so ein Chaos herrscht. Dann kann er sich auch mal mit seinem Bruder Tom unterhalten oder dabei fernsehen.

Schließlich macht er doch seine Hausaufgaben immer, außer die ein-, zwei Mal in der Woche, in denen er sie von Jannick im Bus abschreibt. Warum sind dann seine Noten nicht besser?

Er hat natürlich auch schon mal die anderen in der Klasse gefragt, was er machen könnte. Marie, die Klassenbeste, schreibt sich immer alles raus. Doch dafür fehlt ihm eindeutig die Zeit, und schließlich macht das Tim auch nicht und der hat in Geschichte eine 3 geschrieben. Für diese Arbeit hat er doch so viel gelernt. Vielleicht hätte er früher anfangen können. Am Tag vorher hat er sich den gesamten Lernstoff noch einmal angeschaut und es eigentlich auch verstanden.

Bestimmt zwei Stunden hatte er sich alles durchgelesen. Auch Dinge, die gar nicht im Heft standen. Danach war er so fertig, dass er vor dem Einschlafen noch mal eine Stunde am Computer spielen musste. »Ich bin einfach zu dumm für die Schule! Am besten mach' ich jetzt gar nichts mehr! Kommt ja doch nichts Besseres raus als eine 5!«

Aufgabe:

1. Lies dir den Text gut durch und markiere wichtige Stellen!
2. Notiere dir drei Tipps, was Leon tun könnte, damit er den Lernstoff besser behält!

3. Formuliert anschließend fünf konkrete Tipps und notiert sie auf den ausgelegten Zetteln. Pro Zettel bitte nur ein Tipp.
4. Übt eure Präsentation!

5. Diskutiert in der Klasse!

Anleitung für die Lehrkraft: Plakate gestalten

Schüler/innen sind immer wieder mit der Frage beschäftigt, wer den besten Handytarif hat.

7/8
9/10

- Wer hat eine Flat in alle Netze?
- Wer kann surfen ohne Ende?
- Wer kann seine Zeit nonstop mit dem Smartphone verbringen?

Geben Sie ihren Schüler/innen einen neuen Blickwinkel auf ihr Leben. Lassen Sie sie ein Werbe-Plakat zum Thema gestalten:

Die Lebenszeit-Flatrate für 0 €

Das Leben bietet so viel mehr als den ständigen Blick auf das Smartphone! Man kann Freunde auch »in Echt« treffen!
Man kann sich sogar anfassen! Oder sich, wenn's sein muss, auch mal beim Fußball foulen!
Was kann man mit seinem Leben außerhalb der Medien anstellen?
Durch dieses Plakat könnten Schüler/innen einen ganz neuen Blickwinkel auf ihre gelebte Zeit erhalten.

Arbeiten mit Karikaturen | 4.4

Anleitung für die Lehrkraft: Karikaturen zeichnen

Stellen Sie den Schüler/innen die Aufgabe, zu einem der folgenden Sätze eine Karikatur zu malen:

- Mein Handy hat mein Leben verändert!
- Mein Handy hat mein Leben verändert! Man muss nur Multitasking beherrschen, dann kann man Hausaufgaben machen, posten, liken, fernsehen, essen und aufs Klo gehen. Alles auf einmal.
- Multitasking ist toll.
- Mein Smartphone und ich.
- Smartphone-Benutzer werden auch immer jünger.
- Diese App hat mein Leben verändert.
- »Musst du gerade jetzt SMS schreiben?«
- Meine Eltern lebten tatsächlich zu einer Zeit, als es noch kein Handy gab.
- Nun habe ich endgültig die Nase voll von Handys.

Sie können mehrere Sätze zur Auswahl vorgeben. Zum anschließenden Vergleich ist es jedoch sinnvoller, einen einheitlichen Satz vorzugeben, sodass die Schüler/innen unmittelbar vergleichen können.

Tipp

Sie finden im Internet sehr viele Karikaturen zu Smartphones und Handy-Nutzung. Diese können Sie als Beispiele für eigene Karikaturen verwenden. Wählen Sie zum Einstieg eine Karikatur aus, um eine Diskussion in Gang zu setzen. Oder starten sie eine Karikaturen-Rallye bzw. eine Bildassoziation. Viele der Karikaturen sind in englischer Sprache und können daher sehr gut im Englischunterricht eingesetzt werden.

4.5 Handy-Fasten

Anleitung für die Lehrkraft: Projekt

5/6 7/8 9/10

Um Schüler/innen bewusst zu machen, wie viel Zeit die Smartphone-Nutzung in ihrem Alltag einnimmt, ist Handy-Fasten eine gelungene Maßnahme. Sensibilisieren Sie im Vorfeld ihre Schüler/innen, welchen Stellenwert das Handy in ihren Leben einnimmt. Dazu können Sie explizit die folgenden Evaluations-Zielscheiben verwenden. (Darüber hinaus können Sie natürlich zusätzlich weitere Kopiervorlagen aus diesem Buch zum Einstieg in die Thematik benutzen.)

Kopieren Sie die Zielscheiben auf DIN-A3-Größe und lassen Sie sie nach der Bearbeitung im Klassenraum hängen. So dienen sie der Visualisierung. Die Schüler/innen markieren direkt am Plakat mit roten Klebepunkten oder dickem, rotem Filzstift ihre eigene Position. Anschließend lassen Sie zum Austausch einen Rundgang und eine Diskussionsrunde folgen. Stimmen Sie mit den Schüler/innen darüber ab, ob sie sich auf das Projekt einlassen wollen. Außerdem sollten Sie die Eltern mit einbeziehen (→ Einverständnisschreiben). Viele Erziehungsberechtigte haben sich daran gewöhnt, dass ihre Kinder vor allem auf dem Schulweg immer zu erreichen sind und wollen sich vielleicht gar nicht auf ein solches Projekt einlassen.

Vereinbaren Sie einen festen Zeitraum. Gut geeignet ist z. B. Freitag bis Montag, oder eine ganze Woche. Während des Zeitraums führen die Schüler/innen Protokoll. Benutzen Sie dazu bitte die Kopiervorlage KV 64. Je nach Länge des gewählten Zeitraums tragen die Schüler die Tagesnummerierung selbst ein. Darüber hinaus könnten Sie eine Klassenliste aushängen, in der die Schüler/innen mit einem lachenden oder traurigen Smiley eintragen, ob sie die einzelnen Tage geschafft haben oder nicht.

Im Anschluss an die Projektzeit schreiben Sie folgende Impulse auf DIN-A3-Plakate:

- Hast du durchgehalten? Fiel dir das schwer?
- In welchen Situationen hast du gemerkt, wie sehr du an dein Handy gewöhnt bist?
- Hat sich deine Einstellung zum Handy geändert?
- Wie hast du deine gewonnene Zeit genutzt?
- Warst du in dieser Zeit eher entspannt oder gestresst?
- Wirst du nach dem Projekt etwas an deinem Handykonsum verändern?

Die Schüler/innen erhalten nun genügend Zeit, ihre Kommentare in die ausgelegten Plakate einzutragen. Bitte achten Sie darauf, dass diese Phase stumm verläuft. So ist die Hemmschwelle geringer und die Ergebnisse ehrlicher. Zusätzlich füllen die Schüler/innen erneut die Evaluationsscheiben 1 bis 4 aus. Diesmal benutzen sie grüne Klebepunkte bzw. dicke grüne Filzstifte. Anschließend lassen Sie zum Austausch erneut einen Rundgang und eine Diskussionsrunde folgen. Beenden Sie die Diskussion mit einer Runde, in der jeder Schüler folgenden Satz erweitern muss:

> Aus dem Handy-Fasten-Projekt habe ich ... (Erfahrung) mitgenommen und ich werde nun ... (Zukunftsaussicht)

Als Erinnerung daran, dass man seine Zeit auch sinnvoller nutzen kann, klebt nun jeder Schüler einen roten Klebepunkt gut sichtbar auf sein Handy. Erklären Sie Ihren Schüler/innen, dass Sie stets dann, wenn sie diesen Punkt sehen, darüber nachdenken sollen, ob es wirklich notwendig ist, das Handy in diesem Moment zu nutzen oder ob sie doch ihre Zeit sinnvoller ausfüllen könnten.

KV 64

Tagesbefragung

Frage	**Tag ___**	**Tag ___**	**Tag ___**	**Tag ___**
Wo habe ich mein Handy vermisst?				
Was habe ich stattdessen gemacht?				
Neu entdeckt habe ich:				
Am schwierigsten war:				
Bewertung des Tages So habe ich mich gefühlt: Ich habe es geschafft:				

Wofür nutze ich mein Handy am meisten?

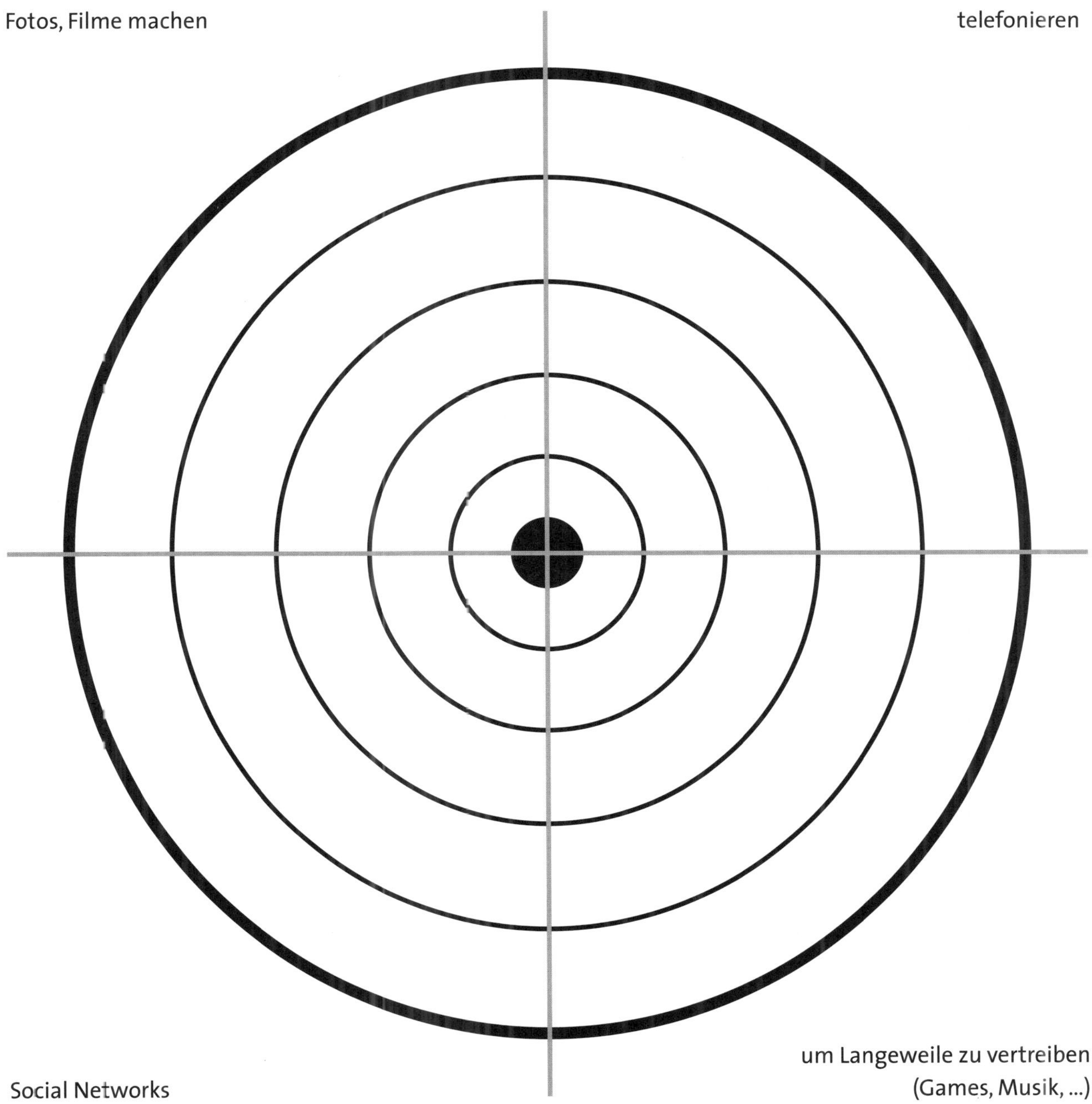

KV 66

Wer bezahlt deine Rechnung?

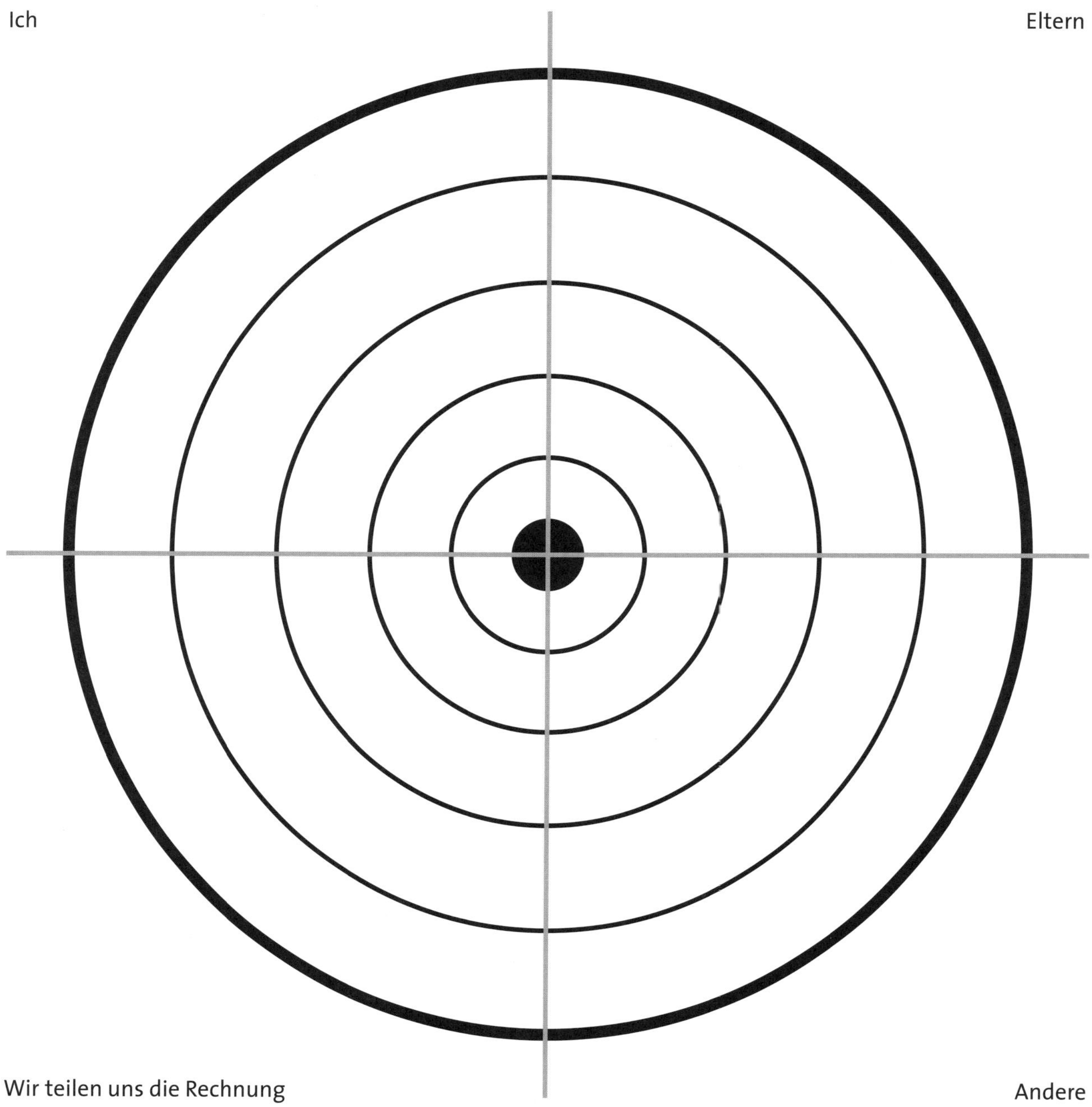

Wie viele Stunden nutze ich mein Handy täglich?

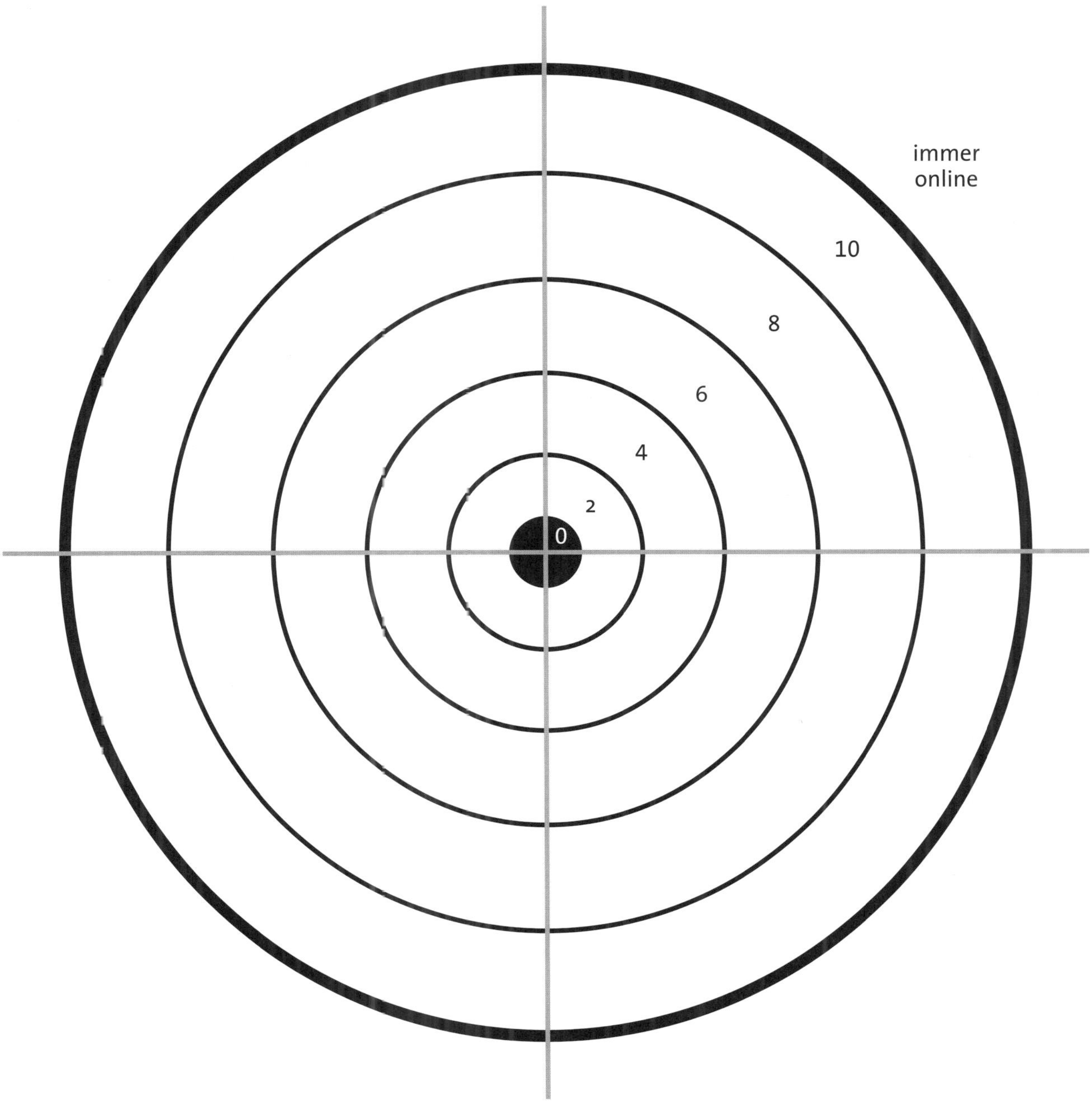

KV 68

Auf mein Handy zu verzichten fällt mir …

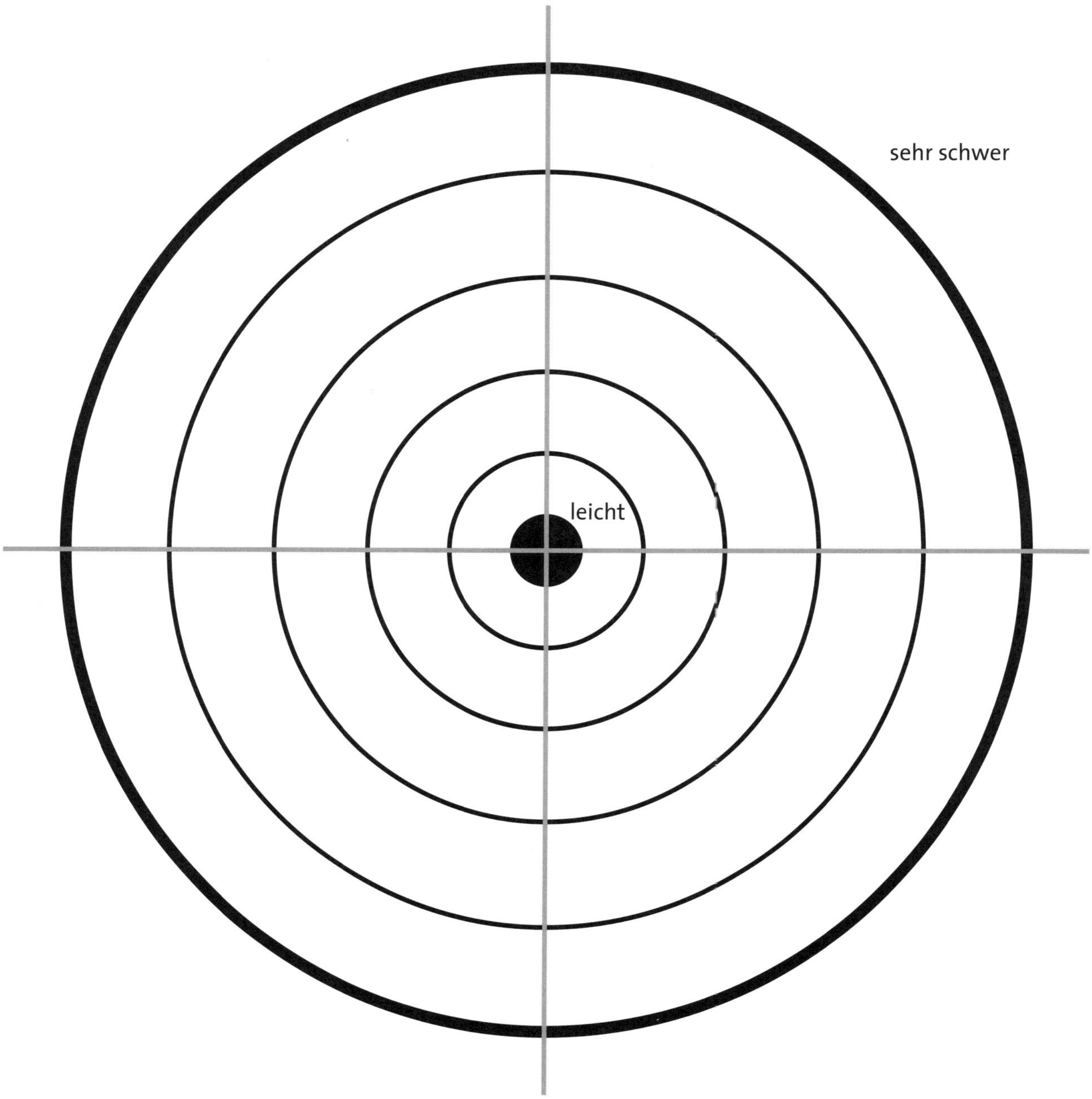

Vordruck Elternbrief

Liebe Erziehungsberechtigte,

das Handy dient längst nicht mehr nur zur Verständigung im Notfall. Es ist Zeitvertreib, Spielekonsole, Medium sozialer Netzwerke, Fotoapparat, Informationsquelle und vieles mehr.

Um ein Bewusstsein dafür zu schaffen, wie viel Zeit der Smartphone-Konsum in Anspruch nimmt und wie viel Zeit wir dadurch eben auch verlieren, haben wir innerhalb der Klasse beschlossen, für den Zeitraum

von: ____________________ bis: ____________________

eine Handy-Fastenzeit einzulegen.

Ihre Kinder werden Ihnen berichten, auf welche Vereinbarungen wir uns geeinigt haben.

Über Ihre Anregungen, Ideen, aber vor allem ihre Unterstützung freue ich mich sehr.

Mit freundlichen Grüßen

✂ -

Das Informationsschreiben zum Handy-Fasten habe ich zur Kenntnis genommen.

Name des Kindes: ____

____

Unterschrift Erziehungsberechtigte/r

Handyverlust

Aufgabe:

Stelle dir vor, du verlierst dein Handy!
1. Überlege dir: Wo würdest du es am meisten vermissen? Wähle maximal fünf Orte aus.
2. Diskutiert eure Entscheidungen!
3. Könntest du ohne Handy noch leben?

auf der Toilette

an der Bus-haltestelle

beim Hausaufgaben machen

beim Essen

wenn ich Freunde treffen will

wenn ich Liebeskummer habe

vor der Schule

vor dem Einschlafen

vor dem Fernseher

am Wochenende

im Urlaub

nachts

in der Pause

in der Schule

wenn ich in Not bin

beim Fotografieren

auf Familienfeiern

Ein Leben ohne Handy – funktioniert das?

Paula ist verzweifelt. Sie hat ihr Handy in der Umkleidekabine liegen lassen. Als sie wiederkam, war es verschwunden! Geklaut! Ihre Eltern meinten, sie sei selbst daran schuld. Nun müsste sie warten bis zu ihrem Geburtstag. Erst dann bekäme sie ein neues.

Das sind noch zwei Monate! Wie sollte sie nur zwei Monate ohne Smartphone leben. Wenn sie wenigstens das alte Handy ihrer Oma benutzen dürfte, dann könnte sie wenigstens SMS schreiben. Doch auch das haben ihre Eltern ihr verboten. Sie solle mal lernen, was alles wert sei, meinten sie.

Ihr komplettes Leben wird sich ändern …

Aufgabe:

1. Wie sieht ein Leben ohne Handy aus?
   Sammelt in Kleingruppen mindestens zehn Dinge, die sich komplett ändern würden, wenn ihr kein Handy hättet!
2. Notiert einen Tag lang, in welchen Situationen ihr euer Handy benutzt!
   - Wann ist es notwendig?
   - Wann ist es nur Zeitvertreib?
   - Wann ist es nur Spaß?
   - Wann ist es reine Zeitverschwendung?
3. Beschreibt nun einen Tagesablauf ohne Handy!
   - Wo würdet ihr es am meisten vermissen?
4. Paula soll einen Erfahrungsbericht über ihre zwei Monate ohne Handy schreiben.
   - Was könnte sie alles erlebt haben?
   - Was könnte sie neu für sich entdeckt haben?
   - Wie viel Zeit hat sie dadurch gewonnen?
   - Wie oft hat sie ihr Handy vermisst?
   - Welche Bilanz zieht sie wohl?

Schreibe den Artikel aus Paulas Sicht!

4.6 Smartphone und Umwelt

Ein Handy besteht zu rund 25 Prozent aus Metallen. Es enthält beispielsweise Silber, Gold, Palladium, Kupfer und Kobalt – das sind wertvolle und zum Teil seltene Metalle. Diese Rohstoffe werden unter extrem menschenunwürdigen Bedingungen abgebaut und führen teilweise zu Kriegen.

Anleitung für die Lehrkraft: Plakate gestalten

7/8 9/10

Geben Sie Ihren Schüler/innen den Auftrag, sich über die Möglichkeiten des Handy-Recyclings zu informieren. Folgende Fragen könnten recherchiert werden:

- Wer bietet Handy-Recycling an?
- Warum ist das für die Umwelt wichtig?
- Welche Rohstoffe sind in Handys enthalten?
- Was passiert, wenn Handys nicht recycelt werden und die entsprechenden Rohstoffe weiterhin abgebaut werden?
- Was hat Handy-Recycling mit Menschenrechten zu tun?

Lassen Sie Ihre Schüler/innen dazu Plakate gestalten!
Denkbar wäre eine kleine Ausstellung in der Schule.

Weitere Ideen

Vielleicht möchten die Schüler/innen eine Handy-Sammelaktion starten. Viele Anbieter bieten Geldbeträge für gesammelte Handys. Dieses Geld könnte der Klassenkasse oder der Schule zugutekommen, es könnte aber wiederum auch für einen guten Zweck gespendet werden!

Anleitung für die Lehrkraft: Diskussion

5/6 7/8 9/10

In den 1970er-Jahren gab es spannende Diskussionen unter Medien- und Kommunikationsforschern, die die Meinung vertraten, durch die Entwicklung und flächendeckende Verbreitung des Telefonnetzes hätte die Orthografie an Bedeutung verloren; moderne Kommunikation sei mündliche Kommunikation. Durch die rasante Entwicklung der sozialen Netzwerke und die flächendeckende Smartphone-Nutzung wurde diese Theorie schnell ad absurdum geführt. Folglich ist die Rechtschreibkompetenz bedeutender denn je und ein wichtiger Teil der Persönlichkeitsdarstellung im digitalen Zeitalter. Daneben betonen viele Internet-Nutzer, dass sie die Seriosität einer Homepage auch nach der korrekten Orthografie beurteilen.

Sprechen Sie mit Ihren Schüler/innen über die Bedeutung und Notwendigkeit einer sicheren Rechtschreibung!

Ein Jugendphänomen ist nach wie vor die Benutzung von populären Abkürzungen. Dies ist keine neue Erscheinung; bereits in den frühen 1990er-Jahren schrieben sich Schüler/innen Briefe, die sie mit HDL oder HDGDL (oder auch HDGGGGGGDL) unterzeichneten.

Durch die Verbreitung der SMS und die sozialen Netzwerke ist der Kreativität keine Grenze gesetzt, und den Schüler/innen macht es Spaß, sie miteinander zu teilen:

- Kopieren Sie das folgende Arbeitsblatt auf DIN-A3-Größe!
- Hängen Sie es in ihrem Klassensaal oder auch Schulgebäude auf und diskutieren Sie im Anschluss über die Ergebnisse!

Jeder Handy-Nutzer ärgert sich von Zeit zu Zeit über eine Einrichtung, die doch eigentlich für Vereinfachung sorgen sollte: die automatische Rechtschreib-Korrektur. Probieren Sie es aus – sich mit anderen darüber zu unterhalten, sorgt für viel Spaß! Auch Schüler/innen macht dies Spaß, und darüber hinaus schaffen Sie als Lehrer/in ein Bewusstsein für richtige Schreibweisen und Sprachnutzung.

KV 71

Alles LOL???

Aufgabe:

Teile hier deine Lieblingsabkürzungen!

Rechtschreibkorrektur

Heute Nacht ist wieder Vollmilch ...

Aufgabe:

Hat dich das Rechtschreibprogramm deines Smartphones auch schon genervt? Sammelt hier eure lustigsten Korrekturbeispiele!

5 Computerspiele

5.1 Computerspiele in Zahlen

Nur vier Prozent der Jungen zwischen 12 und 19 Jahren spielen nie Computerspiele. 70 Prozent »zocken« täglich oder mehrmals in der Woche. Ein Drittel der Mädchen dieser Altersgruppe haben dagegen noch nie am Computer gespielt (vgl. JIM-Studie 2014). Das Spielen am Computer nimmt also unterschiedlich viel Raum ein. Doch bei einigen nimmt es so viel Raum ein, dass der Realitätsverlust droht. Das folgende Kapitel bietet Arbeitsaufträge und Redeanlässe, damit Schüler/innen bewusst ihr Spielverhalten reflektieren. Es bietet jedoch keine Hilfe bei Spielsucht. Bitte wenden Sie sich bei konkreten Verdachtsfällen an die entsprechenden Einrichtungen in Ihrer Region.

In diesem Kapitel sollen die Schüler/innen:

- verbalisieren, worin der Reiz, die Faszination, aber auch die Gefahr von Computerspielen liegen.
- bewusst die Spielewelt mit der realen Welt vergleichen.
- über unterschiedliches Spieleverhalten diskutieren.
- sich kreativ mit den Charakteren der Computerspiele beschäftigen.
- über die Gewaltdarstellung in Computerspielen diskutieren.
- überprüfen, ob ihr Spielverhalten Zeitvertreib oder Zeitverschwendung ist.

5.2 Die tolle Welt der Computerspiele

Anleitung für die Lehrkraft: Mindmap

5/6 7/8 9/10

Computerspiele nehmen einen großen Raum im Leben unserer Kinder und Jugendlichen ein. Zeigen Sie Interesse dafür und lassen Sie ihre Schüler/innen darüber referieren. Geben Sie zuerst den Arbeitsauftrag, sich in Einzelarbeit ganz unstrukturiert Gedanken zu machen, welche Dinge ihren Schüler/innen zum Thema »Computerspiele« einfallen. Danach gehen die Schüler/innen in Kleingruppen und tauschen sich aus. Nun teilen Sie die Mindmap-Vorlage aus. Wahlweise kann sie auch zur Vorlage als Tafelanschrieb dienen, sodass die Schüler/innen eine große Mindmap in Plakatform gestalten.

Sie können je nach Notwendigkeit einen zeitsparenden Rundgang oder eine zeitintensive Präsentationsrunde anschließen. Abschließend sollte eine Diskussionsrunde folgen. Dabei könnten folgende Impulse als Leitfragen dienen:

- Wie viel Bedeutung haben Computerspiele in meinem Leben?
- Wie viel Zeit nehmen Computerspiele in meinem Leben in Anspruch?
- Worin liegt die Faszination von Computerspielen?
- Was ist das Gute/was ist das Schlechte an Computerspielen?

KV 73

Tolle Welt

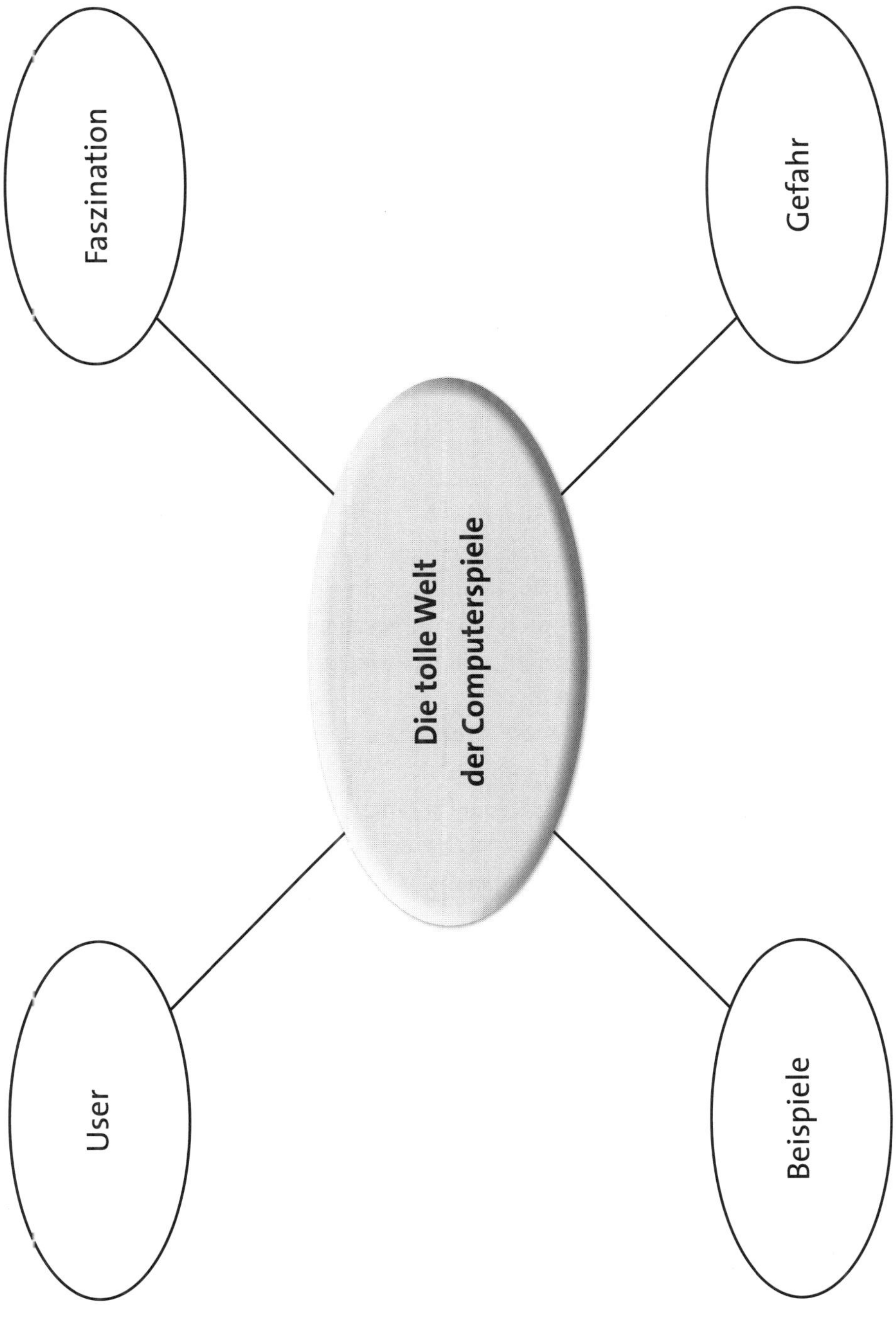

Aufgabe:

1. Gestaltet eine Mindmap.
2. Findet verschiedene Beispiele.

Anleitung für die Lehrkraft: Placemat-Methode

5/6
7/8
9/10

Teilen Sie Ihre Lerngruppe in Vierergruppen ein. Lässt sich die Anzahl ihrer Schüler/innen nicht durch vier teilen, bilden sie bitte zusätzliche Dreiergruppen. Bitte achten Sie darauf, dass die Gruppen recht heterogen sind, sodass mindestens ein leistungsstarker Schüler pro Gruppe vertreten ist. Kopieren Sie die Placemat-Vorlage auf DIN A3 und vervielfältigen Sie sie für die Anzahl ihrer Gruppen. Jedem Schüler wird nun eine Ecke am Placemat zugeordnet. Außerdem sollte jeder Schüler innerhalb der Gruppe mit einer anderen Farbe schreiben.

Nun erklären Sie die Aufgabenstellung:
»Schreibt in eure Ecke des Placemats mindestens fünf Beispiele für einen vernünftigen Umgang mit Computerspielen! Bleibt stets auf eurer Ecke und schaut nicht bei den Nachbarn. Ihr werdet im Anschluss Gelegenheit haben, zu schauen, was eure Mitschüler/innen geschrieben haben.«

Im Anschluss an diese erste Phase rotieren die Schüler/innen im Uhrzeigersinn um das Placemat. In je zwei Minuten haben sie Zeit, die Ergebnisse der Mitschüler/innen durchzulesen und in ihrer Farbe zu kommentieren. Es empfiehlt sich, dass, die Schüler/innen dafür jeweils den Platz des anderen einnehmen. Ist dies aus Platzgründen schwer umzusetzen, kann auch die Schreibvorlage gedreht werden.

Diese Phase sollte immer noch stumm geschehen. Haben die Schüler/innen Fragen an ihre Gruppenmitglieder, notieren sie einfach ein kleines Fragezeichen an den Rand des Geschriebenen.

Erst in einer nächsten, offenen Runde darf diskutiert werden. Nun tauschen sich die Kleingruppen aus und einigen sich in der Mitte der Kopiervorlage auf mindestens sieben gemeinsame Regeln für einen vernünftigen Umgang mit Computerspielen. Im Anschluss daran folgt eine Diskussionsrunde, in der sich die Lerngruppe über ihre Ergebnisse austauscht.

Wahlweise können sich die Schüler/innen auch über eine Mindmap mit dem Thema beschäftigen. Geben Sie dazu zuerst jedem Schüler in Einzelarbeit Gelegenheit, sich Gedanken zu machen, was er persönlich unter vernünftigem Umgang mit Computerspielen versteht. Erst dann sollte der Austausch in der Kleingruppe anschließen. Die Schüler/innen gestalten anschließend ein Plakat zum Thema »Vernünftiger Umgang mit Computerspielen«.

KV 74

Vernünftiger Umgang mit Computerspielen

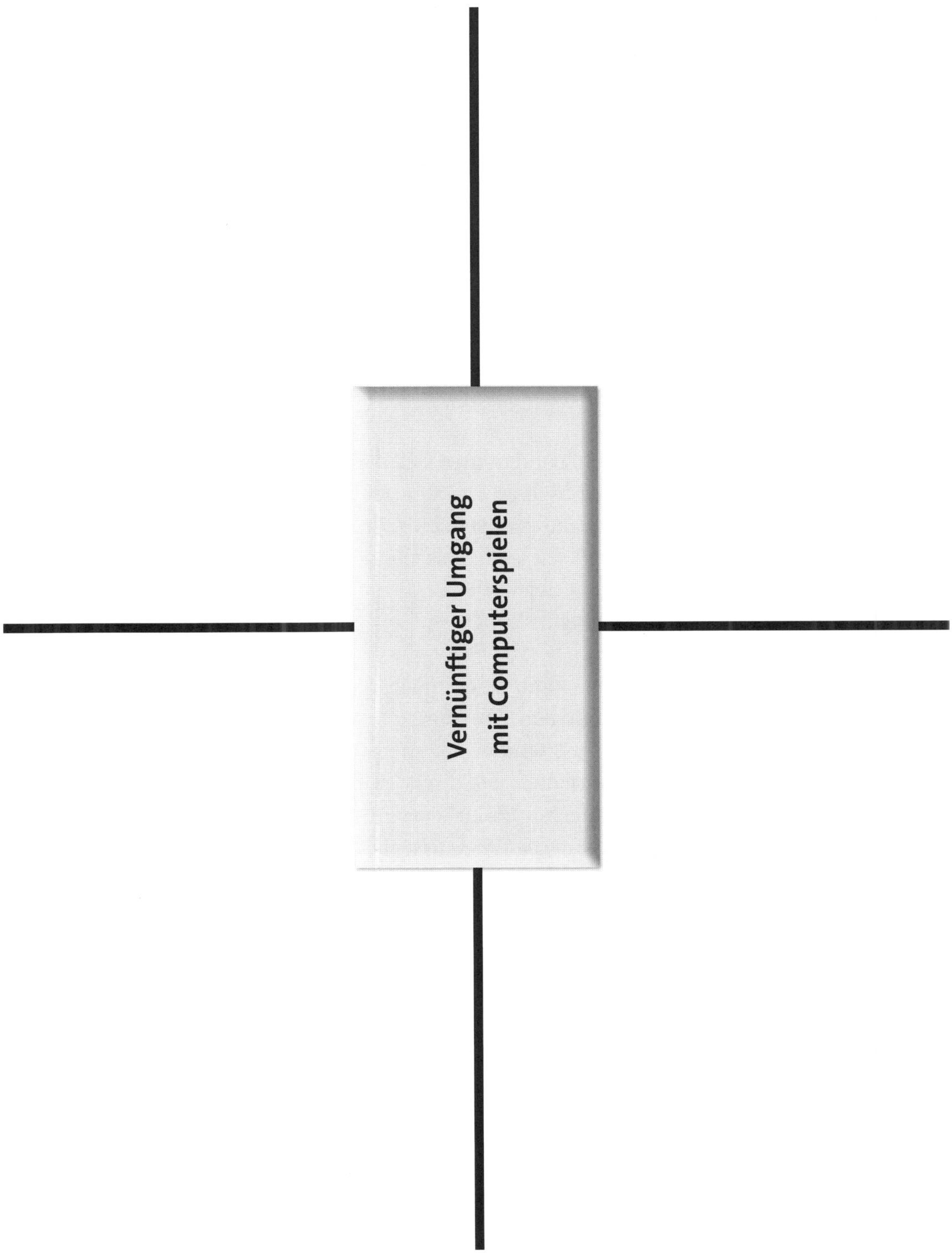

Anleitung für die Lehrkraft: Schreibgespräch

5/6
7/8
9/10

Schreiben Sie auf große Plakate folgende Aussagen:
- Gewaltspiele und Ego Shooter sollten generell verboten werden.
- Computerspiele aller Arten stellen nur das wirklich Leben dar und da gibt es eben auch Gewalt.
- Computerspiele sind ein netter Zeitvertreib neben anderen Freizeitbeschäftigungen.
- Solange jemand vernünftig damit umgeht, sind Computerspiele absolut in Ordnung.
- Computerspiele sind reine Zeitverschwendung.
- Computerspiele sind einfach toll.

Legen Sie die Plakate auf Tischen aus, sodass sie von allen Seiten zu erreichen sind.

Bilden Sie Kleingruppen. Sie können die Zusammensetzung dem Zufall überlassen oder gezielt steuern.

Beim Schreibgespräch unterhalten sich die Schüler/innen nonverbal, nur über das Schreiben, auf den einzelnen Plakaten. Geben Sie jeder Gruppe fünf Minuten pro Plakat Zeit. Dann wandern die Schüler/innen nach einem akustischen Signal im Uhrzeigersinn ein Plakat weiter, bis alle sich auf den Plakaten unterhalten haben. Anschließend dürfen sich alle Schüler/innen frei bewegen und sich laut über die Ergebnisse unterhalten.

Sie können für ein Stationengespräch die Aussagen auch auf DIN-A4-Papier schreiben und in nötigem Abstand zueinander an die Wände des Raumes hängen. Die Schüler/innen wandern dann nach einem akustischen Signal von Station zu Station und unterhalten sich direkt in ihrer Kleingruppe. Abschließend setzen sich die Schüler/innen auf ihren Platz zurück oder in einen Sitzkreis und diskutieren gemeinsam über die Ergebnisse. Dabei wird auch wieder jede Aussage einzeln angesprochen.

Anleitung für die Lehrkraft: Podiumsdiskussion

Lassen Sie Ihre Schüler/innen in Kleingruppen folgende Fragen beantworten: 7/8 9/10

- Wie hoch ist die Spielsuchtgefahr bei Online-Spielen?
- Sinkt eurer Meinung nach die Konzentration durch Computerspiele?
- Kennt ihr Spielsüchtige in eurem direkten Umfeld?
- Worin liegt die Faszination von Computerspielen?
- Sollten/könnten Computerspiele verboten werden?
- Verlieren Vielspieler/innen den Bezug zur Realität?
- Gibt es einen verantwortungsbewussten Umgang mit Computerspielen?
- Wie könnte dieser aussehen?

Im Internet findet man dazu viele Artikel und Videos.

Im weiteren Verlauf teilen Sie Ihre Lerngruppe in Kleingruppen ein. Sie sollen ihre Recherchen und Bearbeitungen aus der Sicht einer jeweiligen Gruppe bearbeiten:

- Chefprogrammierer eines Spiele-Herstellers
- Vater, der selbst Computerspiele liebt
- Mutter eines spielsüchtigen Jungen
- Psychologe/in
- Lehrer/in

Die Gruppenmitglieder bestimmen selbst, wer ihre Gruppe in der anschließenden Podiumsdiskussion vertritt. Sie können selbst Moderator sein oder für diese Aufgabe einen Schüler bestimmen. Schließen Sie die Diskussionsrunde mit einem abschließenden Fazit eines jeden Vertreters ab. Abschließend sollen die Schüler/innen aus ihrer persönlichen Sicht die Frage diskutieren.

Test: Bin ich schon süchtig?

Verbringe ich mehr Zeit mit Computerspielen als mit meinen Freunden im echten Leben?

Nein ←——————→ Ja

Muss ich während der Schulzeit (Hobbies ...) ständig an den Spielverlauf meines aktuellen Spiels denken?

Nein ←——————→ Ja

Ich habe außer dem Computerspielen wenige Interessen.

Nein ←——————→ Ja

Sobald ich ausschalten soll, werde ich aggressiv.

Nein ←——————→ Ja

Meine »Online–Freunde« sind mir wichtiger als meine »Offline-Freunde«.

Nein ←——————→ Ja

Ich lebe gerne in der digitalen Welt.

Nein ←——————→ Ja

Manchmal vergesse ich während des Spielens zu essen und zu trinken.

Nein ←——————→ Ja

Ich kann und möchte mir ein Leben ohne Online-Games nicht mehr vorstellen.

Nein ←——————→ Ja

Jannick: »Beim Spielen vergesse ich alle meine Sorgen!«

So richtig schön war Jannicks Leben noch nie. Seine ersten Erinnerungen reichen zurück in die Zeit, als seine Eltern sich rund um die Uhr stritten. Ständig schrien sie sich an. Er wusste selbst nicht warum – vielleicht wussten sie es auch nicht. Zum Glück trennten sie sich, als er vier Jahre alt war. Er blieb bei seiner Mutter, wie wohl die meisten Kinder. Alle zwei Wochen war er bei seinem Vater. So richtig zuhause fühlte er sich aber eigentlich nur bei seiner Oma. Die kochte ihm sein Lieblingsessen, machte tolle Ausflüge mit ihm und erzählte ihm coole Stories aus ihrer eigenen Kindheit und Jugend. Seine Mama macht ihm hauptsächlich Stress. Sie hat es auch nicht leicht. Sein Vater bezahlt nichts, da muss sie viel arbeiten und er eben viel zuhause helfen. Und die vielen neuen Typen, die sie immer wieder für die große Liebe hält und dann doch wieder enttäuscht wird …

Bei seinem Vater ist es lockerer. Er hat diese neue Frau. Und wenn er am Wochenende dort ist, darf er so lange fernsehen, wie er will. Außerdem findet er dort alle Spielekonsolen, die es auf dem Markt gibt.

Sie gehören zwar seinem Halbbruder, doch mit ihm versteht er sich gut und sie zocken rund um die Uhr. Und wenn er spielt, kann er endlich mal alle Sorgen vergessen. Er spielt die unterschiedlichsten Sachen. Natürlich hat er auch seinen eigenen Avatar. Doch es macht ihm auch nichts aus, einfach mal kurz »Angry Birds« zu spielen. An der Bushaltestelle zockt er immer wieder auf seinem Handy.

Während dem Fernsehen, abends vor dem Einschlafen, ja sogar auf der Toilette. Er spielt eigentlich immer. Für ihn gibt es eben nichts Schlimmeres als Langeweile! Aber machen das nicht alle so?

Und nun das. Sie haben eine Neue in der Klasse! Die ist einfach toll! Ganz anders als die Mädels, die Jannick sonst kennt. Und ausgerechnet sie behauptet jetzt, er sei spielsüchtig.

So ein Quatsch!

Aufgabe:

1. Unterhaltet euch in der Lerngruppe über Jannicks Spielverhalten. Geht es euch ähnlich? Kennt ihr Freunde, die genauso sind?
2. Diskutiert in Partnerarbeit: Wie sieht vernünftiges Spielverhalten aus? Wo liegt die Grenze zu Spielsucht?
3. Erstellt in einer Kleingruppe eine Mindmap zum vernünftigen Umgang mit Computerspielen und präsentiert die Ergebnisse.
4. Diskutiert in der Lerngruppe: Wie kann man verhindern, den Bezug zur echten Welt zu verlieren?

KV 77

Tom: »Beim Spielen besieg' ich euch alle!«

Tom würde sich selbst nicht als den typischen Computerspieltypen bezeichnen. Dieses Bild des Außenseiters, der nur noch die Onlinewelt kennt – so einer ist er doch nicht!

Natürlich muss er zugeben, dass er nie der Sportlichste war. Wenn die anderen sich im Sportunterricht ärgerten, wenn sie zu langsam gerannt waren, konnte er das nie so richtig verstehen. Warum sollte man darin Ehrgeiz entwickeln. In seinem Game, da empfand er zum ersten Mal Ehrgeiz. Seinen Avatar hatte er sich langsam aufgebaut. Und der war jetzt stark! Er ist sehr angesehen. Online wird er geachtet und man zollt ihm höchsten Respekt.

Mit größter Geduld und Sorgfalt hat er sich sein Leben gestaltet. Hier hat er die nötige Ausdauer, von der ihm Lehrer/innen immer wieder vorwerfen, dass sie ihm fehlen würde. Wenn dieser kleine Mann da vorne an der Tafel wüsste, welchen Rang er eigentlich hat. Was kümmert ihn Prozentrechnung …

In seiner Welt, da ist er eine große Persönlichkeit! Viel Geld wurde ihm schon geboten. Doch er würde sich selbst niemals verkaufen. Natürlich hatte das viel Zeit gekostet. Und zugegeben auch einige Euros. Doch seinen Eltern ist das egal. Sie unterstützen ihn, wo sie können und ermöglichen ihm das, was sie selbst nicht hatten: ein ruhiges, sorgenfreies Leben.

Nur seine Lehrer machen ihm Stress, da er eben keine Zeit mehr hat, seine Hausaufgaben zu machen. Außerdem fehlt er immer wieder in der Schule. Doch er kann seine Kumpels doch nicht bei den Battles im Stich lassen!

Tom nervt, dass seine Lehrer/innen nun wohl auch seine Eltern auf ihre Seite gezogen haben. Auf einmal machen die auch Stress. Sie wollen ihm jetzt feste Online-Zeiten festlegen, und er darf auch nicht mehr als fünf Stunden in der Woche spielen. Wie soll er da noch weiterleben? Er wird wohl bald zugrunde gehen … Was soll er nur tun?

Warum versteht ihn denn keiner?!

Aufgabe:

1. Versteht ihr Toms Probleme? Tauscht euch in der Lerngruppe aus!
2. Was bedeutet es, wenn Tom sagt, er werde wohl bald zugrunde gehen? Diskutiert über die Aussage!
3. Besprecht in Partnerarbeit: Was soll Tom tun?
4. Formuliert in Kleingruppen fünf Tipps, die ihr Tom geben könnt, damit er sein Leben offline besser in den Griff bekommt.
5. Sammelt die Tipps in einer Stafetten-Präsentation an der Tafel!
6. Diskutiert in der Lerngruppe:
   - Geht es euch ähnlich?
   - Kennt ihr Freunde, um die ihr euch Sorgen macht?

KV 78

Interview mit einer berühmten Persönlichkeit

Für eine Computer Zeitschrift wurde eine herausragende Persönlichkeit eines Ego Shooter-Spiels interviewt. Der Avatar genießt internationales Ansehen.

Redakteur: Sie sind in der Onlinewelt eine gefragte Persönlichkeit. Woran liegt das?
Jan-Lucas: Nun ja, ich habe meinen Avatar besonders aufgebaut und viele finden das wohl sehr beeindruckend. Ich finde das ganz normal.

Redakteur: In Anbetracht der Tatsache, dass Sie noch sehr jung sind, ist das auch sehr beachtlich! Wie lange haben Sie für Ihre Figur gebraucht?
Jan-Lucas: Zwei Jahre!

Redakteur: Alle Achtung! Wahrscheinlich haben Sie auch die Nächte online verbracht, oder?
Jan-Lucas: Das ist ja in unseren Gilden selbstverständlich!

Redakteur: Da Sie ja noch minderjährig sind ... Was sagen denn Ihre Eltern dazu?
Jan-Lucas: Die haben von der ganzen Entwicklung recht wenig mitbekommen. Mein Vater spielt zwar auch gerne, aber er mag andere Spiele. Meine Mutter ist auch online unterwegs, aber doch mehr in sozialen Netzwerken. Dass ich online so eine berühmte Persönlichkeit bin, hat beide sehr überrascht. Doch nun sind sie auch stolz auf mich. Sie unterstützen mich schon immer, wo Sie nur können …

Redakteur: Hatten Sie jemals Spielverbot? Schließlich ist der Ego Shooter, den Sie spielen, erst Jahren ab 18 freigegeben.
Jan-Lucas: Na klar, doch das weiß man zu umgehen … (grinst)

Redakteur: Wie viele Menschen haben Sie mittlerweile getötet?
Jan-Lucas: Witzige Frage! (lacht laut) Ich habe nicht mitgezählt …! Darüber mache ich mir keine Gedanken mehr.

Redakteur: Erlauben Sie mir noch eine letzte Frage für unsere Leser, um das Beeindruckende Ihrer Leistung zu unterstreichen: Wie alt sind Sie und in welche Klasse gehen Sie, Sir?
Jan-Lucas: Ich bin zehn Jahre und gehe in die fünfte Klasse!

Redakteur: Absolut beeindruckend! Vielen Dank für das Interview!
Jan-Lucas: Keine Ursache. Kann ich jetzt weiterspielen …?

Aufgabe:

1. Lest das Interview in verteilten Rollen!
2. Diskutiert: Findet ihr die Leistung auch so beeindruckend?

3. Was möchtest du Jan-Lucas sagen?
4. Schreibe ihm in Einzelarbeit eine Kurznachricht! Du darfst nicht mehr als 160 Zeichen verwenden!

5. Stellt euch in einer Runde eure Kurznachrichten vor! Diskutiert über eure Ergebnisse!

Anleitung für die Lehrkraft: Schreibimpuls

5/6
7/8
9/10

Wissenschaftler/innen und Psycholog/innen befürchten, dass den Digital Natives das Bewusstsein dafür, was real und was digitale Welt ist, verloren gehen könnte. Ermöglichen Sie Ihren Schüler/innen einen Perspektivenwechsel. Sobald sie sich mit der Fragestellung auseinandersetzen, wie es wäre, tatsächlich in der digitalen Welt zu leben, verlieren sie nicht das Wesentliche aus dem Blick, nämlich, dass einzige und allein das Leben offline die Wirklichkeit ist. Diese Überschriften und Satzanfänge können Ihnen dienen, kurze Impulse zu setzen, damit sich Ihre Schüler/innen mit dieser Frage auseinandersetzen:

- Mein Leben in meinem Lieblingsspiel
- Einmal online und zurück
- Und da stand er vor mir: mein Traum-Avatar
- Und plötzlich waren sie alle da, in meinem Schlafzimmer …
- So war der Tag mit meinem Online-Ich
- Hilfe! In Minecraft gibt es nichts zu essen
- Der Tag, als Zelda/Link mit mir in der Schule war
- Hilfe! Meine Sommerferien mit Sonic
- Unser neuer Nachbar: Super Mario
- Ein Alptraum: Alles was ich bisher online tat, war echt!
- Eine Bilanz meines Online-Daseins:

Folgende Kopiervorlage kann direkt als Schreibimpuls genutzt werden.

Einmal online – ganz real

Warum hatte er nicht auf seine Mutter gehört? Wie oft hatte sie ihn schon gewarnt, er solle den Computer ausschalten, wenn es draußen blitzt und donnert. Doch er war so in sein Spiel vertieft, dass er es nicht wahrgenommen hatte. Und schon war es geschehen: Ein Blitz schlug ein. Es zischte, Flammen schlugen auf und ein großer Sturm grollte herauf.

Und nun war er hier. Auf seltsame, mystische Weise stand er nun mitten in seinem Lieblingsspiel. Doch das war nun, so ganz real, alles andere als lustig …

Aufgabe:

- Wie könnte diese Erlebnisgeschichte weitergehen?
- Schreibe die Geschichte weiter!

Anleitung für die Lehrkraft: Podiumsdiskussion

7/8
9/10

Lassen Sie Ihre Schüler/innen in Partnerarbeit oder Kleingruppen folgende Fragen beantworten:

- Wie ist die Gewaltdarstellung in Computerspielen?
- Ist die Altersempfehlung eurer Meinung nach immer in Ordnung?
- Wie viele Kinder spielen schon Spiele ab 16 oder gar ab 18?
- Stellen Computerspiele tatsächlich die Wirklichkeit dar, wie viele Hersteller stets erwähnen?
- Worin liegt die Faszination von Computerspielen?
- Sollten/könnten Computerspiele verboten werden?
- Warum spielen Menschen Ego Shooter-Spiele?
- Machen Ego Shooter-Spiele Menschen zu Amokläufern?
- Verlieren Vielspieler den Bezug zur Realität?

Im Internet findet man dazu viele Artikel und Videos.

Im weiteren Verlauf teilen Sie Ihre Lerngruppe in Kleingruppen ein. Sie sollen ihre Recherchen und Bearbeitungen aus der Sicht einer jeweiligen Gruppe bearbeiten:

- Chefprogrammierer eines Spiele Hersteller-Konzerns
- junger Mann, der Computerspiele liebt
- Mutter eines spielsüchtigen Jungen
- Psychologe, der Amoklaufopfer betreut
- Sozialarbeiter mit gewalttätigen Jugendlichen

Die Gruppenmitglieder bestimmen selbst, wer ihre Gruppe in der anschließenden Podiumsdiskussion vertritt. Sie als Lehrer/in, können selbst Moderator sein oder für diese Aufgabe einen Schüler bestimmen. Beenden Sie die Diskussionsrunde mit einem abschließenden Fazit eines jeden Vertreters. Abschließend sollen die Schüler/innen aus ihrer persönlichen Sicht die Fragen diskutieren.

Das Leben ist zu kurz, um nur vor'm Blechdepp zu sitzen

Spielanleitung

Die ältesten Spirallaufspiele fand man in ägyptischen Königsgräbern aus der Zeit um 3000 v. Chr. Über Griechenland, Rom und später Frankreich breitete sich diese Spielform ab dem 16. Jahrhundert in ganz Europa aus. Es ist interessant festzustellen, dass die meisten Spielvorlagen genau 63 Felder umfassen. Entsprechend der antiken Zahlensymbolik galt jedes siebte und neunte Lebensjahr als besonders ereignisreich. Die Spirale galt als Symbol für das menschliche Leben, das von Gefahren, Zufällen, glücklichen Ereignissen, Fortschritten, Rückfällen und nicht zuletzt vom Tod bestimmt wird.

Kopieren Sie die Spielvorlage auf DIN A3. Sie wird zu Spielbeginn auf dem Tisch ausgebreitet. Jeder Spieler setzt seine Spielfigur auf das Startfeld. Maximal sechs Spieler/innen können mitspielen.

Der jüngste Spieler beginnt. Es wird reihum mit zwei Würfeln gespielt. Die Spieler/innen ziehen um die geworfene Augenzahl beider Würfel vor. Kommt der Spieler nach dem Ziehen auf ein Ereignisfeld, so muss er die folgenden Anweisungen beachten. Kommt er durch das Befolgen einer Aktion auf ein weiteres Ereignisfeld, muss er keine weitere Aktion ausführen. Er bleibt auf diesem Feld stehen und zieht in der nächsten Runde ganz normal weiter! Der erste Spieler, der es schafft, das Ziel zu erreichen, gewinnt.

Checkliste:
- Spielvorlage (DIN A3 kopiert)
- 2 Würfel
- 6 Spielfiguren
- Spielanleitung kopiert

Ereignisfelder offline:

3. Die Sonne scheint. Du gehst raus. Gehe zwei Felder vor!
9. Du bist auf die Party des Jahrhunderts eingeladen. Würfle noch einmal! Wenn du auf ein Ereignisfeld kommst, so darf dies nicht erfüllt werden!
15. Die Bade-Saison beginnt. Du triffst dich mit Freunden: Ziehe zwei Felder vor!
18. Du bist verliebt. Würfle noch einmal! Wenn du auf ein Ereignisfeld kommst, so darf dies nicht erfüllt werden!
21. Du hast in der großen Pause so viel gelacht, dass dir der Bauch wehtut. Gehe zwei Felder vor!
27. Langes Wochenende und ein paar Freunde übernachten bei dir! Gehe vier Felder vor!
33. Deine Eltern sind gut gelaunt. Das Leben kann so einfach sein. Würfle noch einmal! Wenn du auf ein Ereignisfeld kommst, so darf dies nicht erfüllt werden!
39. Ihr macht einen richtig coolen Wandertag mit der Klasse. Gehe zwei Felder vor!
45. Du gewinnst eine Freikarte im coolsten Freizeitpark Deutschlands. Gehe fünf Felder vor!
51. Das tollste Mädchen bzw. der tollste Junge der Schule sagt dir, dass sie/er dich mag. Würfle noch einmal!
57. Sommerferien! Gewonnen! Gehe direkt auf Feld Nr. 63!

Ereignisfelder online:

4. Stromausfall! Du kannst nicht spielen. Eine Runde aussetzen!
10. Dein Avatar hat einen Schnupfen. Ziehe zwei Felder zurück!
16. Du hast online schon 10 000 Menschen getötet. Ruh dich aus! Eine Runde aussetzen!
22. Deine Online-Gilde ist offline auf einer Party – ohne dich! Gehe zwei Felder zurück!
28. Du bist krank: Vitamin-D-Mangel von zu wenig Sonnenlicht. Du kannst nicht weiterspielen. Eine Runde aussetzen!
34. Du hast sehr viel Geld für die Ausstattung deines Avataren ausgegeben. Jetzt bist du pleite. Gehe fünf Felder zurück!
40. Schweres Gewitter. Deine Eltern schalten alle Elektro-Geräte aus. Eine Runde aussetzen!
46. Ein Cyber-Babe hat dich ausgelacht, da du auf der Toilette saßt, während du gespielt hast. Gehe zwei Felder zurück!
52. Deine Avatar hat keine Lust mehr auf dich, da du im Offline-Leben noch nicht mal den Weg bis zur Schule schaffst, ohne außer Atem zu sein. Gehe zurück auf Feld 24!
58. Alle deine Online-Freunde haben mehr Lust auf das Offline-Leben. Du bist allein in deinem Spiel. Gehe zurück zum Start and reload!
62. Festplatte gelöscht! Du bist der Blechdepp!

Das Leben ist zu kurz, um nur vor'm Blechdepp zu sitzen: Spielvorlage

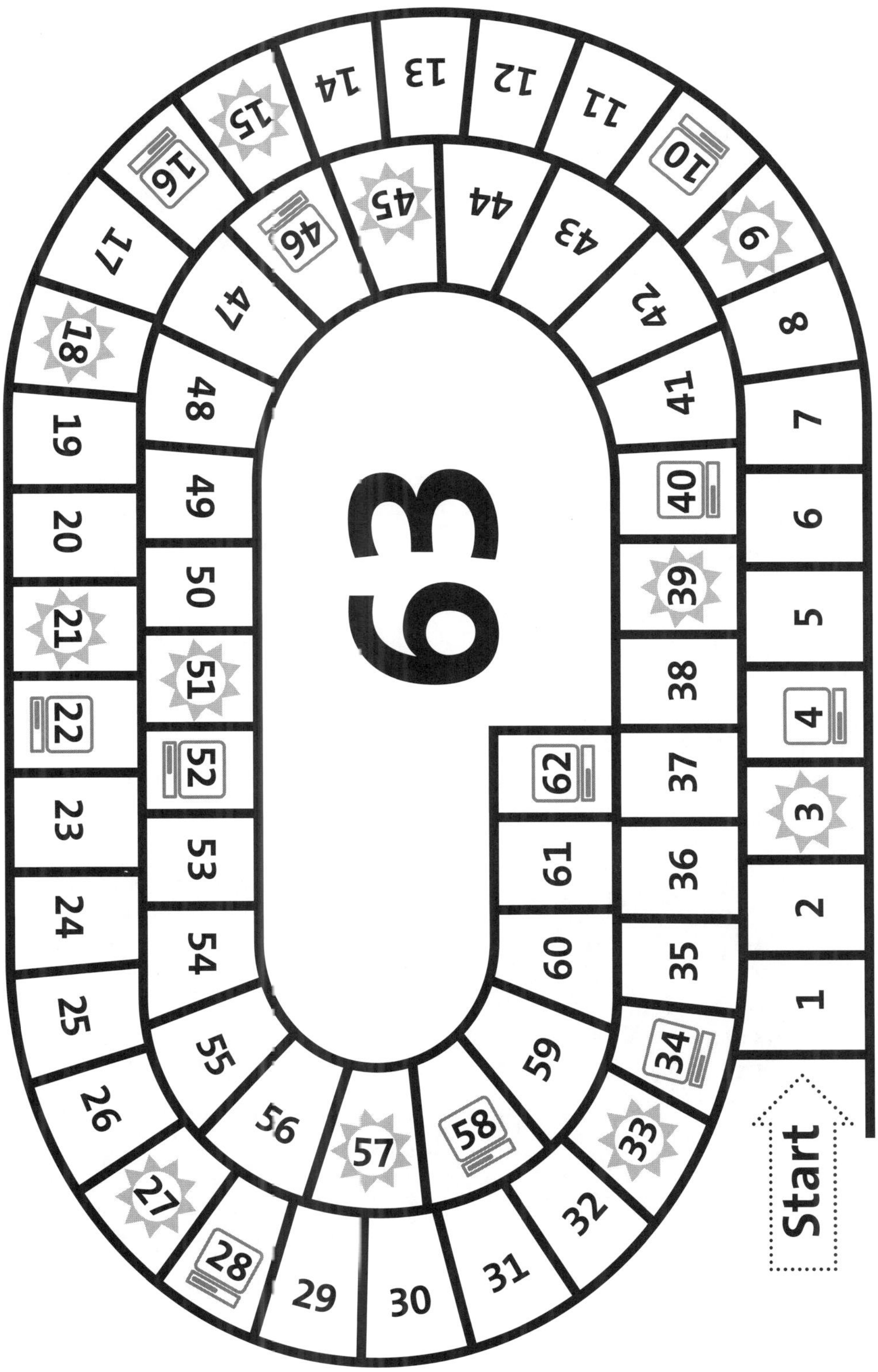

Anregungen für die Lehrkraft: Bastelarbeit

5/6
7/8
9/10

Lassen Sie Ihre Schüler/innen ihren eigenen Traum-Menschen erschaffen. Sie können dabei unterschiedliche Materialien bereitstellen wie z. B. Pappe, Draht oder Pappmaché. Doch auch aus altem Verpackungsmüll können tolle Kunstprojekte entstehen. Sobald sich Schüler/innen kreativ dabei entfalten können, nehmen sie eine gewisse Distanz ein, die es ihnen erlaubt, ihren Vorstellungen freien Lauf zu lassen. Schwieriger wird es, wenn Sie als Lehrer/in die Aufgabe stellen:

- Malt euren eigenen Traum-Menschen! Wie würdet ihr selbst gerne sein!

Da das Gemalte auch den Klassenkameraden erläutert werden soll, wird eine ernsthafte und ehrliche Auseinandersetzung mit der Aufgabenstellung schwierig sein. Stellen Sie daher die Frage über einen Umweg. So könnte ein Arbeitsauftrag lauten:

- Stelle dir vor, die Menschheit wäre in der Lage, den tollsten Menschen der Welt zu produzieren. Wie wäre er deiner Meinung nach?
- Male einen Avataren, wie ihn sich die Menschheit wünschen könnte!
  - Entscheide:
  - Wäre dieser Avatar männlich oder weiblich?
  - Hätte er das gleiche Geschlecht wie du?
  - Beschrifte deinen Avataren mit den besonderen Eigenschaften und schreibe dazu, welche besonderen Kräfte er hat!

Der tollste Mensch der Welt: Mein Avatar

6 Fernsehen

6.1 Fernsehnutzung

Durch die Nutzung der Videoportale im Internet verliert das Fernsehen als klassisches Medium, das die Nation zur gleichen Zeit von der Straße lockte (»Straßenfeger«), an Bedeutung. Stattdessen wird es parallel zu Smartphone oder Tablet genutzt (Second Screen). Trotzdem ist es noch immer das Medium, das Rollenbilder vermittelt und Meinungen prägt.

Im folgenden Kapitel sollen die Schüler/innen:

- ihren Medienkonsum reflektieren und sich darüber austauschen.
- die unterschiedliche Qualität der Berichterstattung in Tagesnachrichten diskutieren.
- sich über die individuellen Ansichten guter Unterhaltung austauschen.
- über die Achtung der Menschenwürde im Fernsehen diskutieren.
- die Altersbeschränkung von Filmen kritisch betrachten.

6.2 Fernseh-Fasten

Anleitung für die Lehrkraft

5/6
7/8
9/10

Um Schüler/innen bewusst zu machen, wie viel Zeit sie vor dem Fernseher verbringen, ist ähnlich wie das Handy-Fasten, das Fernseh-Fasten eine gelungene Maßnahme. Da die Medien oftmals zusammen genutzt werden (Second Screen-Nutzung), ist eine kombinierte Fastenzeit sicherlich sehr effektiv. Sensibilisieren Sie im Vorfeld Ihre Schüler/innen, welchen Stellenwert das Fernsehen in ihrem Alltag und Familienleben einnimmt. Dazu können Sie explizit die folgenden Evaluations-Zielscheiben verwenden. (Darüber hinaus können Sie natürlich zusätzliche Kopiervorlagen aus diesem Buch zum Einstieg in die Thematik verwenden.) Kopieren Sie die Zielscheiben auf DIN-A3-Größe und lassen Sie sie nach der Bearbeitung im Klassenraum hängen. So dienen sie der Visualisierung. Die Schüler/innen markieren direkt am Plakat mit roten Klebepunkten oder dickem, rotem Filzstift ihre eigene Position. Anschließend lassen Sie zum Austausch einen Museums-/Rundgang und eine Diskussionsrunde folgen. Stimmen Sie mit den Schüler/innen darüber ab, ob sie sich auf das Projekt einlassen wollen.

Außerdem sollten Sie die Eltern mit einbeziehen (Einverständnisschreiben). Es ist damit zu rechnen, dass viele Erziehungsberechtigte selbst nicht auf den Fernseher verzichten wollen. Klären Sie daher ab, ob sie sich auf das Projekt einlassen wollen. Vereinbaren Sie einen festen Zeitraum. Gut geeignet ist zum Beispiel Montag bis Freitag, oder eine ganze Woche.

Während dieses Zeitraums führen die Schüler/innen Protokoll (Tabelle). Darüber hinaus könnten Sie eine Klassenliste aushängen, in der die Schüler/innen mit einem lachenden oder traurigen Smiley eintragen, ob sie die einzelnen Tage geschafft haben oder nicht. Im Anschluss an die Projektzeit schreiben Sie folgende Impulse auf DIN-A3-Plakate:

1. Hast du durchgehalten? Fiel dir das schwer?
2. Wie war die Erfahrung für deine Familie?
3. Was hast du stattdessen gemacht?

Die Schüler/innen erhalten nun genügend Zeit, ihre Kommentare in die ausgelegten Plakate einzutragen. Bitte achten Sie darauf, dass diese Phase stumm verläuft. So ist die Hemmschwelle geringer und die Ergebnisse ehrlicher. Zusätzlich füllen die Schüler/innen erneut die Evaluationsscheiben 1 bis 4 aus. Diesmal benutzen sie grüne Klebepunkte bzw. dicke grüne Filzstifte. Anschließend lassen Sie zum Austausch erneut einen Museums-/Rundgang und eine Diskussionsrunde folgen. Beenden Sie die Diskussion mit einer Runde, in der jeder Schüler folgenden Satz erweitern muss:

> Aus dem Fernseh-Fasten-Projekt habe ich … (Erfahrung) mitgenommen und ich werde nun … (Zukunftsaussicht)

Wie wird der Fernseher zuhause genutzt

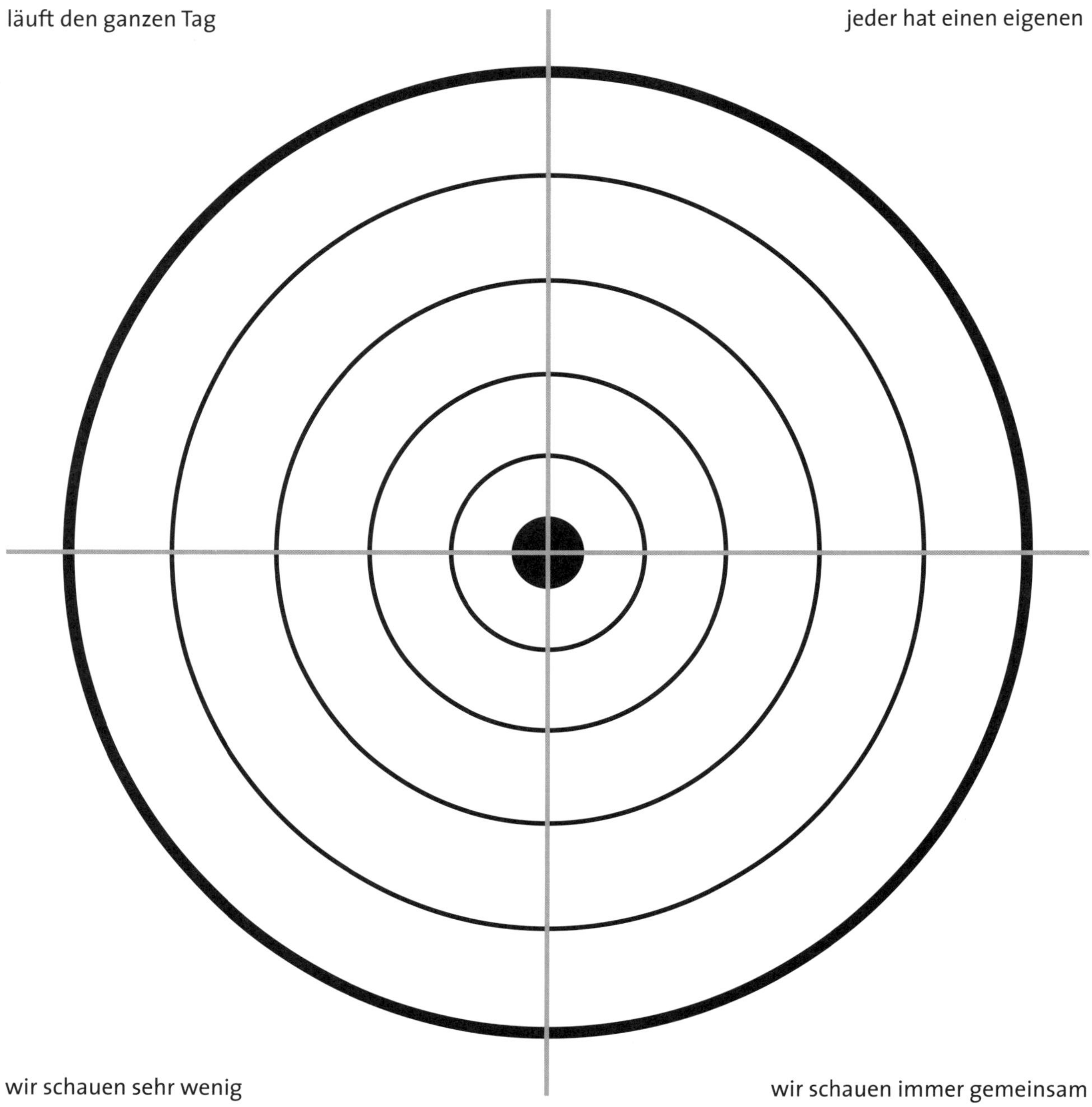

KV 84

Seit wann hast du einen eigenen Fernseher im Zimmer?

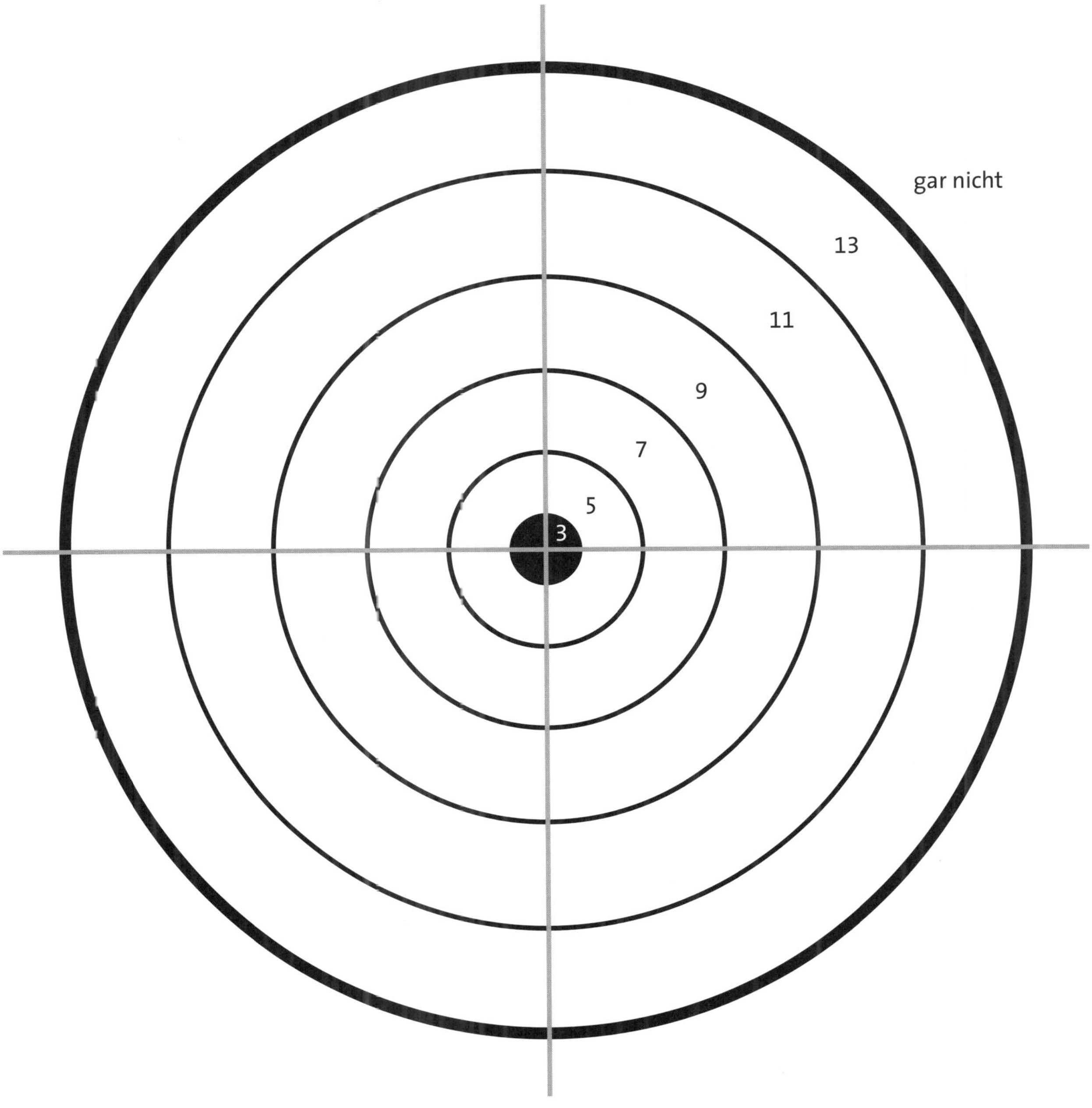

Auf den Fernseher zu verzichten, fällt mir ...

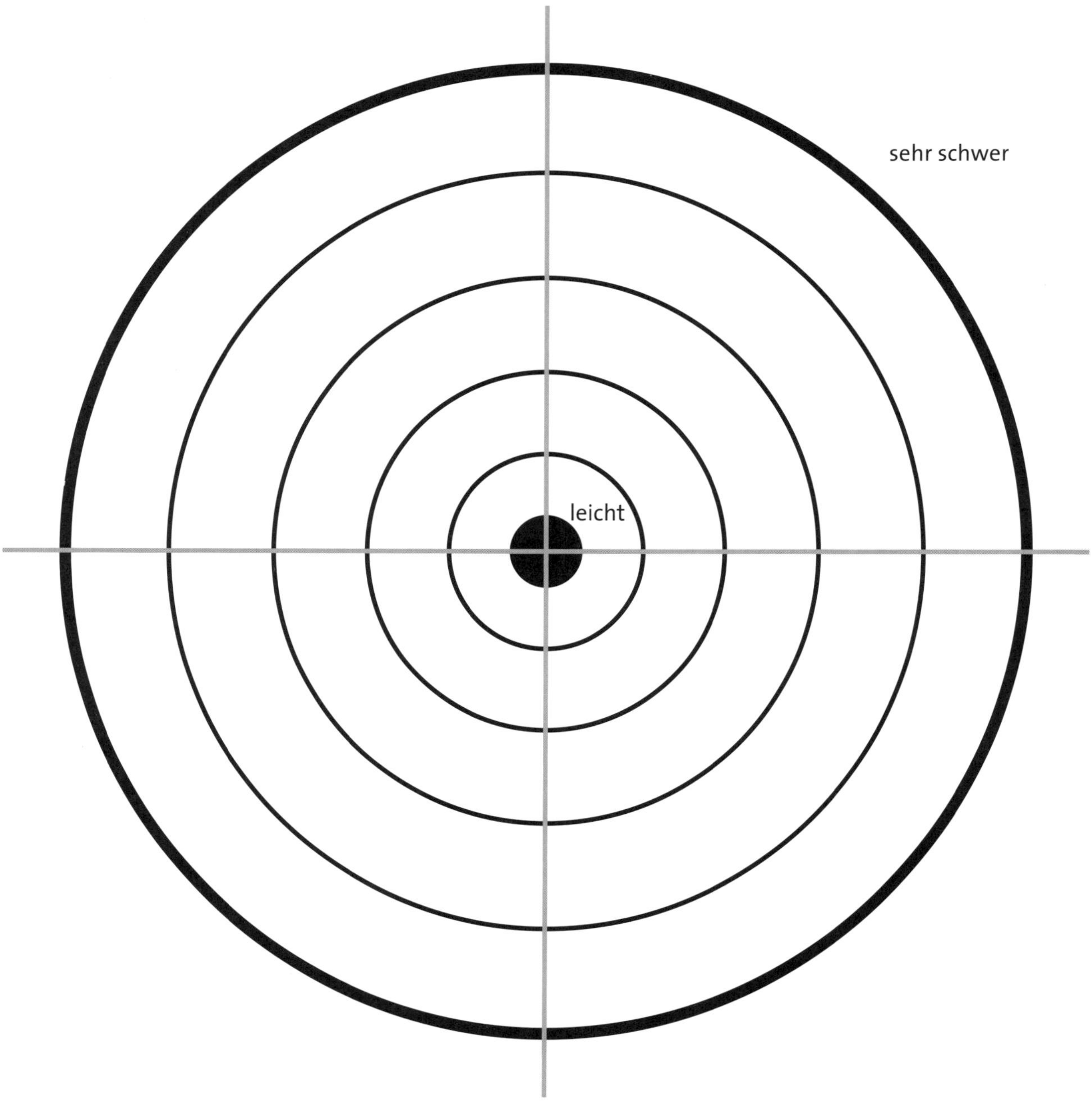

Vordruck Elternbrief

Liebe Erziehungsberechtigte,

um ein Bewusstsein dafür zu schaffen, wie viel Zeit der Fernseh-Konsum in Anspruch nimmt und wie viel Zeit wir dadurch eben auch verlieren, haben wir innerhalb der Klasse beschlossen, für den Zeitraum

von: ______________ bis: ______________

eine Fernseh-Fastenzeit einzulegen.

Über Ihre Anregungen, Ideen, aber vor allem ihre Unterstützung freue ich mich sehr.

Mit freundlichen Grüßen

✂---

Das Informationsschreiben zum Fernseh-Fasten habe ich zur Kenntnis genommen.

Name des Kindes: ______________________________

____
Unterschrift Erziehungsberechtigte/r

Anleitung für die Lehrkraft: Diskussion

5/6 7/8 9/10

Die »Freiwillige Selbstkontrolle der Filmwirtschaft« ist eine Einrichtung eben der deutschen Filmwirtschaft. Sie überprüft Filme, DVDs und sonstige Medienträger, die in Deutschland zur öffentlichen Vorführung vorgesehen sind und vergibt die offizielle Altersfreigabe. Die FSK hat einen sehr strukturierten Internet-Auftritt, der über die Arbeit und über die Kriterien der FSK informiert. Hier werden auch einige Materialien und DVDs angeboten. Lassen Sie Ihre Schüler/innen auf dieser Seite über die Arbeit recherchieren. Ein Besuch bei der FSK im »Deutschen Filmhaus« in Wiesbaden könnte Ihre Recherchearbeit unterstreichen. Darüber hinaus ist es für Schüler/innen eine tolle Erfahrung, einen Film als Filmkritiker zu sehen. Immer wieder schauen Lehrer/innen Filme als »Belohnung« am Schuljahresende oder in Vertretungsstunden. Verbinden Sie das Schöne mit einer sinnvollen Erfahrung. Dazu einige Ideen:

- Schauen Sie ganz bewusst einen Film für Kinder ab null Jahren und lassen Sie die Schüler/innen beurteilen, ob sie mit der Altersangabe einverstanden wären und ab wann man überhaupt mit Kindern fernsehen sollte.
- Schauen Sie einen Film ab sechs Jahren und lassen Sie die Schüler/innen beurteilen, ob sie mit der Altersangabe einverstanden wären oder ob eine weitere Staffelung (z. B.: ab acht, ab zehn) sinnvoll wäre (Ein gutes Beispiel ist die Verfilmung von »Harry Potter«).
- Schauen Sie einen Film ab 12 Jahren (sofern die Schüler/innen dieses Alter bereits erreicht haben) und lassen Sie die Schüler/innen die Darstellung von Gewalt, Sexualität, Geschlechterrollen, Diskriminierungen etc. beurteilen. Bilden sie dafür entsprechende Expertenteams, die sich gegenseitig ihre Ergebnisse vorstellen.
- Lassen Sie Ihre Schüler/innen in Partner- oder Einzelarbeit einen Film nach Altersangabe beurteilen und eine Erörterung dazu schreiben. Lassen Sie ruhig den aktuellen oder den Lieblingsfilm ihrer Kindheit beurteilen.
- In diesem Zusammenhang bietet sich natürlich auch jederzeit ein Film-Buch-Vergleich an.

Je weiter die Schüler/innen über der entsprechenden Altersfreigabe liegen, desto reflektierter werden sie über die Filme urteilen. Lassen Sie die Schüler/innen auch Beispiele nennen, wo sie sich als Kind gefürchtet oder geekelt haben, obwohl sie bereits im entsprechenden Alter waren. Viele Kinder dürfen auch bereits als Kinder Filme schauen, die nicht ihrem Alter entsprechen. Für diese ist es auch eine schöne Gelegenheit über ihre Erfahrungen zu berichten und sich auszutauschen.

FSK ab 0 freigegeben/freigegeben ohne Altersbeschränkung

FSK ab 6 freigegeben

FSK ab 12 freigegeben

FSK ab 16 freigegeben

FSK ab 18 freigegeben/keine Jugendfreigabe

Quelle: FSK – Freiwillige Selbstkontrolle der Filmwirtschaft GmbH

Tipp

Die »Freiwillige Selbstkontrolle Fernsehen« (FSF) ist eine ähnliche Einrichtung des Jugendmedienschutzes, die u. a. Programme prüft, medienpädagogische Projekte durchführt, Publikationen herausgibt und Veranstaltungen anbietet. Der gemeinnützige Verein bietet sich ebenfalls für die Recherche und Diskussion an.

Anleitung für die Lehrkraft: Podiumsdiskussion

Lassen Sie Ihre Schüler/innen in Partnerarbeit oder Kleingruppen über folgende Fragen diskutieren: 7/8 9/10

- Wie ist die Gewaltdarstellung im Fernsehen?
- Ist die Altersempfehlung eurer Meinung nach immer in Ordnung?
- Kennt Ihr Beispiele von gewalthaltigen Kinderfilmen?
- Die Wissenschaft geht davon aus, dass (kleine) Kinder den Unterschied zwischen Fernsehen und Wirklichkeit noch nicht vollständig erfassen können. Welche Folgen könnte das haben? Nennt Beispiele.
- Was sollten eurer Meinung nach Kinder nicht sehen dürfen?

Im Internet findet man dazu viele Artikel und Videos (z. B.: www.fsk.de).

Im weiteren Verlauf teilen Sie Ihre Lerngruppe in Kleingruppen ein. Sie sollen ihre Ideen und Meinungen aus der Sicht einer jeweiligen Gruppe bearbeiten:

- Chef eines privaten Fernsehsenders
- Besitzer einer Videothek
- Mutter, die mit ihrem Kind aus einem Kriegsgebiet flüchtete
- Psychologe, der Opfer von Gewalttaten betreut
- Sozialarbeiter, der mit gewalttätigen Jugendlichen arbeitet
- Jugendlicher, der gerne fernsieht

Die Gruppenmitglieder bestimmen selbst, wer ihre Gruppe in der anschließenden Podiumsdiskussion vertritt. Sie als Lehrer/in können selbst Moderator sein oder für diese Aufgabe einen Schüler bestimmen. Schließen Sie die Diskussionsrunde mit einem abschließenden Fazit jedes Vertreters ab. Abschließend sollen die Schüler/innen aus ihrer persönlichen Sicht die Fragen und die Ergebnisse der Runde diskutieren.

KV 86

Was bedeutet gute Unterhaltung?

Aufgabe:
1. Was bedeutet für dich gute Unterhaltung? Wähle drei Aussagen aus, die deine Meinung wiedergeben! Male Sie grün! Wähle drei Meinungen aus, die du nicht teilst! Male sie rot!
2. Vergleicht in der Klasse und diskutiert!
3. Schreibe eine Erörterung: »Gute Unterhaltung bedeutet heute …«

Vor allem eines: Gute Schauspieler!

Ist mir eigentlich egal, die Glotze läuft sowieso den ganzen Tag!

Aktuelle Nachrichten!

Hauptsache: Viel Blut!

Romantik pur!

Ich möchte alles drum herum vergessen können!

Wenn sich andere Menschen so richtig blamieren!

Wenn es witzig ist!

Wenn es spannend ist!

Ich möchte nicht nur dumme Menschen sehen!

Kluge Menschen, die gute Gespräche führen!

Ich schaue kein Fernsehen mehr, da alles zu niveaulos ist!

Die neusten News der Promis!

Ich möchte mitreden können, also schaue ich, was alle schauen!

Tolle Bilder, gute Dokumentationen, neues Wissen! Ich bin sehr interessiert an allem!

Wenn etwas für die ganze Familie dabei ist!

Anleitung für die Lehrkraft: Projekt

9/10

Tagesnachrichten haben unterschiedliche Adressaten und beleuchten daher unterschiedliche Geschehnisse des Tages. Was bedeutet gute Berichterstattung?

Bilden Sie Kleingruppen (zwei bis drei Schüler/innen) und erteilen Sie jeder Gruppe die Aufgabe, jeweils eine Nachrichtensendung mindestens fünf Tage zu verfolgen. Wählen Sie eine gute Mischung an TV-Sendern aus, so dass sowohl öffentlich-rechtliche, als auch private, aber auch Landes- und Kindernachrichten vertreten sind. Achten Sie auch auf den Zeitraum des Projekts – am Ende des Schuljahres sind viele Politiker/innen schon in der Sommerpause. Besser geeignet sind Zeiten, in denen Wahlen stattfinden oder gerade außenpolitische Unruhen sind. Lassen Sie die Schüler/innen die folgende Tabelle für jeweils einen Tag ausfüllen. Anschließend präsentieren die Kleingruppen Ihre Ergebnisse. Dabei geben die Schüler/innen eine Bewertung ab und sprechen eine Empfehlung aus. Folgende Fragen können den Schüler/innen bei der Ausarbeitung dienen:

- An wen richten sich die Nachrichten? Adressat?
- Wird objektiv berichtet?
- Wird man gut und ausreichend über das aktuelle Weltgeschehen informiert?
- Sind alle dargestellten Themen wirklich wichtig?
- Werden Personen interviewt?
- Wie ist die Auswahl der gezeigten Bilder?

KV 87

Nachrichten im Vergleich

Sendung: ______________________ Kanal: __________ Sendedatum: ______________

Themen	
Objektivität (Mimik, Gestik, Äußerungen, ...)	
Sprachliche Darstellung: (verständlich, kompliziert, gut erklärt, cool, gehoben, einfach, niveaulos, ...)	
Qualität der Beiträge (Interviews, Kommentare, Videos, ...)	
Wichtigkeit der Themen Hat ein wichtiges Tages- geschehen gefehlt? Unwichtiges?	

»Die Würde des Menschen ist unantastbar. Sie zu achten und zu schützen ist Verpflichtung aller staatlichen Gewalt.«
(Artikel 1,1 des Grundgesetzes der Bundesrepublik Deutschland)

Anleitung für die Lehrkraft: Diskussion

9/10

> Der Online-Auftritt des Duden definiert einen *Shitstorm* als »Sturm der Entrüstung in einem Kommunikationsmedium des Internets, der zum Teil mit beleidigenden Äußerungen einhergeht« (Duden online 2014).

Teilen Sie die folgende Kopiervorlage mit »Shitstorm«-Beispielen aus. Lassen Sie Ihre Schüler/innen Statements auswählen:

- Welche Statements entsprechen meiner persönlichen Meinung?
- Welches Statement würde ich so auch ins Netz setzen?

Besprechen Sie danach den Artikel 1,1 des Grundgesetzes. Schreiben Sie nun folgende Leitfrage an die Tafel: Können wir die Menschenwürde auch achten, wenn die Personen das selbst gar nicht fordern?

Lassen Sie nun erneut über die Shitstorm-Statements der folgenden Kopiervorlage diskutieren.

- Hat sich die Meinung geändert?
- Hat sich vielleicht nicht die Meinung, aber das Bewusstsein für Reality-TV verändert?
- Können wir als Betrachter etwas beeinflussen?
- Wie ist die Meinung der Schüler/innen zu Diskussionen im Internet zu Reality-TV?

Kommentare aus Online-Portalen zu Reality-TV

Geil, wie peinlich gibt dieser Bauer sich da …

Und wieder so einer, der versucht, mit seiner Dummheit berühmt zu werden.

Mir tun die Mädels bei Heidi nur leid, die können nach diesen peinlichen Auftritten doch niemals mehr normal auch nur zum Bäcker gehen …

Ich will endlich mal wieder normale Menschen und gute Schauspieler im TV sehn …

Ich möchte nicht sehen, dass die sich ihre Brüste vergrößern lässt …

Für mich hat das nichts mit Unterhaltung zu tun, das ist Fremdschämen.

Geile Tussi, geil blamiert …

Wenn man so dumm ist, muss man auch mit dem Shitstorm leben können …

Warum sind die nur so blöd und stellen sich so zur Schau …?

Das Fernsehen hat jegliche Grenze an Respekt vor der Menschheit verloren …

Die sind doch selbst dran schuld, die wollen doch um jeden Preis berühmt werden, dann frisst man eben Tierhoden …

Ich schmeiß meinen Fernseher aus'm Fenster! Hab kein Bock mehr auf die Scheiße …

Die sind doch noch viel zu jung, um zu kapieren, wie sie sich selbst schaden …

Von Reality-TV hat nur einer was: Die Sender, die es billig produzieren …

Haben die sich gestern geil gestritten! Alter, mach' die blöde Kuh fertig …

Bildkartei

Die folgenden Bilder können Sie auf vielfältige Weise nutzen:

Stummer Impuls

Zeigen Sie ein Bild zu Beginn einer Einheit, als Einstieg in eine Unterrichtsstunde oder Gesprächsrunde (z. B. auf Folie). Stellen Sie keine Fragen, warten Sie die Reaktionen ab! Eine rege Diskussion wird entstehen.

Bildbetrachtung

Wie beim »Stummen Impuls« zeigen Sie zuerst ein Bild. Nun eröffnen Sie eine erste Gesprächsrunde mit dem Satzanfang: »Ich sehe …« Die Schüler/innen beschreiben nun zuerst ausschließlich, was auf dem Bild zu sehen ist.

In einer zweiten Runde interpretieren sie. Beginnen Sie diese Runde mit dem Satzanfang: »Ich vermute …«

Bildassoziationen

Legen Sie mehrere Bilder bunt gemischt auf den Tischen aus. Die Schüler/innen dürfen sich nun in einer vereinbarten Zeit die Bilder betrachten und entscheiden sich dann für eines. Je nach Alter und Leistungsvermögen sollen die Schüler/innen nach folgenden Leitfragen ihre Auswahl treffen:

- Welches Bild gefällt dir am besten?
- Zu welchem Bild hast du Fragen?
- Welches Bild stimmt dich nachdenklich?
- Mit welchem Bild kannst du dich identifizieren?

Bilder-Rallye

Wählen Sie mindestens sechs Bilder aus und hängen Sie sie mit genügend Abstand im Saal auf. Bilden Sie entsprechend der Anzahl der ausgewählten Bilder Gruppen mit mindestens drei, jedoch höchstens fünf Schüler/innen. Die Kleingruppen diskutieren nun an den jeweiligen Bild-Stationen und tauschen sich über ihre Eindrücke und ihre persönlichen Erfahrungen aus. Nach einem akustischen Signal wandern sie im Uhrzeigersinn zu der nächsten Station. Abschließend tauschen sie sich im Plenum über ihre Eindrücke aus.

Schreibimpuls

Geben sie ein Bild/mehrere Bilder als Schreibimpuls für folgende Beispiele:

- Überschriften finden
- Erlebnisgeschichte aus der Ich-Perspektive
- Spannende Geschichte aus der auktorialen Perspektive
- Fragen an den Protagonisten des Bildes
- Dialog mit den Protagonisten führen

Gegensätze finden

Die Schüler/innen wählen ein Bild aus und diskutieren in Kleingruppen, wie ein gegensätzliches Bild aussehen könnte. Die entstandene Idee können die Schüler/innen malen, oder sie stellen es selbst dar und fotografieren sich. Aus den Ergebnissen entsteht eine neue Fotoausstellung; die Kontraste führen zu neuen Diskussionsrunden.

Karikaturen

In Kapitel 4 (vgl. S. 105) finden Sie einen Arbeitsauftrag, womit Schüler/innen selbst eine Karikatur zu bestimmten Überschriften finden sollen. Hier finden Sie zwei Karikaturen, die Sie verwenden können.

KV 89 können Sie darüber hinaus vielfältig einsetzen. Nutzen Sie die Karikatur als Einstieg in jegliche Diskussionsrunden und lassen Sie Ihre Schüler/innen passende Aufschriften zu den Plakaten finden.

Beispiel-Karikaturen

Beispiel-Fotos I

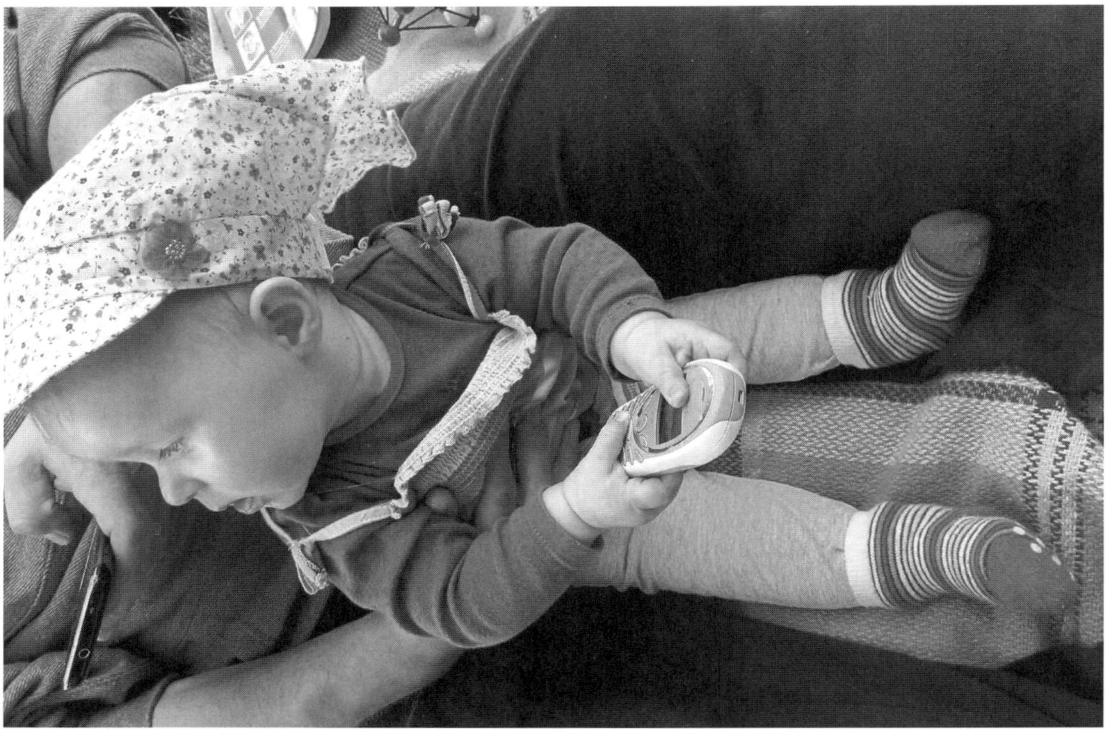

Beispiel-Fotos II

Beispiel-Fotos III

Beispiel-Fotos IV

Beispiel-Fotos V

Literatur und Internet-Adressen

8

Burow, O.-A. (2014): Digitale Dividende. Weinheim und Basel: Beltz.
Buschendorff, F. (2010): Geil, das peinliche Bild stellen wir online! Mülheim: Verlag an der Ruhr.
Eggler, A. (2013): Facebook macht blöd, blind und erfolglos. Zürich: orell füssli.
Feibel, T. (2013): Facebook, Twitter & Co. Hamburg: Carlsen Verlag.
Kaster, A. (2009): Im Netz gewinn ich jeden Fight. Mülheim: Verlag an der Ruhr.
Kaster, A. (2012): Ich hab schon über 500 Freunde. Mülheim: Verlag an der Ruhr.
Klippert, H. (2001): Eigenverantwortliches Arbeiten und Lernen. Weinheim: Beltz.
Kraft, G./Rupp, H./Schmitt, H./Thierfelder, J. (Hrsg.) (2006): Das Kursbuch Religion 3 (9/10). Stuttgart: Calwer/Diesterweg.
Mann, T. (2013): Hilfe, die Googles kommen! Berlin: Ullstein Buchverlage.
Müller, F. (2010): Selbstständigkeit fördern und fordern. Weinheim und Basel: Beltz.
Müller, F. (2012): Differenzierung in heterogenen Lerngruppen. Schwalbach: Debus.
Strauf, H. (2012): Soziale Netzwerke. Hamburg: Persen.
Strauf, H. (2013): Cybermobbing. Hamburg: Persen.
Weber, A. (2006): Im Chat war er noch so süß. Mülheim: Verlag an der Ruhr.
Wolff, T. (2011): Was Schüler im Internet tun … und Lehrer darüber wissen sollten. Weinheim und Basel: Beltz.

Hilfreiche Internet-Adressen für die Weiterarbeit

www.

ajs-bw.de
blinde-kuh.de
bpb.de
chatten-ohne-risiko.net
checked4you.de
criscosmo.de
datenschutz.rlp.de
digitale-chancen.de
dksb.de
duden.de
elternundmedien.de
fsm.de
gmk-net.de
handysektor.de
hass-im-netz.info
internet-abc.de
internet-beschwerdestelle.de
irights.info
jugendonline.eu

www.

jugendschutz.net
juuport.de
kinderserver-info.de
klicksafe.de
klicktipps.net
mbwwk.rlp.de
medienbewusst.de
medienblau.de
mfkjks.nrw.de
mkfs.de
mpfs.de
netzcheckers.de
nummergegenkummer.de
saferinternet.de
schau-hin.info
seitenstark.de
surfen-mit-sinn.de
youtube.com